Le Comete

In ricordo di Patricia Zari

© 2015 Lucrezia De Domizio Durini
© 2015 Lindau s.r.l.
Corso Re Umberto 37 – I-10128 Turin

Umschlag (Cover): Arturo Schwarz

Fotos: Alberto Navarra
© Courtesy Archivio Storico De Domizio Durini

Übersetzung des italienischen Textes: Andreas Wilhelm und Dr. Giorgio F. Alberti
© Vorwort und Logo Alchimiarte Giorgio F. Alberti

Druck: Graphic Center Group
Lungo Dora Voghera, 34
I-10153 Turin

ISBN 978-88-6708-689-4

Lucrezia De Domizio Durini

ARTURO SCHWARZ
MUT ZUR
WAHRHEIT

Empathische Wechselbeziehungen

ARTURO SCHWARZ
MUT ZUR WAHRHEIT

Abbiamo il dovere di mostrare al mondo ciò che siamo stati capaci di fare nella e della nostra vita.

[dt. *Wir haben die Pflicht, der Welt das zu zeigen, was wir in der Lage gewesen sind, in und aus unserem Leben zu machen.*]

Joseph Beuys

JENSEITS DER LEKTÜRE

Vorwort

Mit der Autorin dieser Publikation, Lucrezia De Domizio Durini, und dem namhaften Protagonisten Arturo Schwarz – einer der bedeutendsten und emblematischsten Figuren der Weltkultur, die zwei Jahrhunderte umspannt – bin ich durch eine tiefe menschliche Beziehung verbunden.

In Bezug auf diese beiden atypischen Persönlichkeiten verspüre ich eine große Bewunderung für ihre Arbeit in der Kunst und im Leben. Ihr Mut, ihr menschlicher Respekt und ihr unabhängiges Urteilsvermögen waren für mich Vorbilder, die im Laufe der Zeit eine tiefe Wertschätzung und das Bewusstsein für einen authentischen Lebenssinn erzeugt und gestärkt haben.

Die Freundschaft, die mich zutiefst mit Arturo Schwarz verbindet, hat einen weit zurückliegenden Ursprung und entsteht durch die *Alchimia*, die ich versucht habe, durch Studien besser kennenzulernen, und insbesondere durch die Beziehung zur Arbeit von Augusto Pancaldi (1918-1986), Alchimist aus Ascona. Ich konnte dessen integrierte Bibliothek nun in die 'Bibliotheca Masonica August Belz, St. Gallen' als Teil der Esoterischen Bibliothek der Kantonsbibliothek St. Gallen (Schweiz), eine der bedeutendsten Europas, integrieren.

Eine intensive Untersuchung der Beziehung zwischen *Alchimia und Arte* hat mich auch dazu gebracht, ein kulturelles und lebendiges Logo, *Alchimiarte*, zu entwerfen. So begannen Forschungen, Diskussionsveranstaltungen, Studien, Tagungen. Ich erinnere mich an die erste internationale Tagung von Locarno (29.11.2003) und an ihren Erfolg dank der bedeutenden Teilnahme von Arturo Schwarz. Im Laufe der Jahre folgten weitere wichtige Tagungen, theoretische Beiträge, Treffen, Essays über *Alchimia und Cabbalà*, die mich dazu veranlasst haben, Projekte zum Surrealismus, zur rettenden Vorstellung der Frau, zu allgemeinen Archetypen zu entwerfen – kulturelle Fragen, deren königlicher Lehrmeister Arturo Schwarz ist.

Mit Lucrezia De Domizio Durini verbindet mich sowohl das 'Denken', dem die berühmte *Living Sculpture* des großen deutschen Künstlers Joseph Beuys entspringt, als auch die Jahre enger Zusammenarbeit, die zu einer gegenseitigen respektvollen Freundschaft geführt haben. Ich danke der Autorin, die die Übersetzung dieses wertvollen Buches ins Deutsche großzügig erlaubt hat. Ein besonderes Dankeschön geht an den Verlag Lindau.

Die vorliegende Veröffentlichung enthält *eine universelle Botschaft für alle Menschen, die die Erde, das gemeinsame Haus der Einheit in Vielfalt, bewohnen.*

Giorgio F. Alberti
14. Oktober 2016

Piedi nudi…

Piedi nudi l'aurora boreale
Dorme nei suoi occhi
E incanta i miei sogni

Niente è come prima
Tutto è sempre nuovo
come il nostro vivere
la fine di una dualità

Barfüßig…

Barfüßig das Nordlicht
Schläft in seinen Augen
Und verzaubert meine Träume

Nichts ist mehr wie es war
Alles ist jedes Mal neu
wie unsere Lebensweise
das Ende einer Dichotomie

Arturo Schwarz,
Mailand, 3. Januar 2013,
aus *'L'amore a novant'anni'*
[dt. *Die Liebe mit neunzig Jahren*]

Der Sinn des Lebens

Auch dieses Mal schaue ich durch die Fensterscheibe hinaus. Die Schweizer Berge sind Ketten aus weißem Porzellan, die die Täler umarmen ... ein Kommen und Gehen von Menschen ... es ist sehr hell an dem Ort, an dem ich mich befinde. Ich bin in einen Tunnel, einen Strudel eingetreten, wo weder Zeit noch Raum existieren, nur Farbenphantasmagorie, Millionen von Zellen, die sich abwechseln, sich vermischen, zerreißen, sich in glühenden Ringen wiederherstellen, wo sich das Rot auflöst, um Farbidee zu werden, längliche Formen, die spektakuläre Hieroglyphen entstehen lassen.

Ich lag ausgestreckt in einer verrückt gewordenen U-Bahn, ich lief ins Unbekannte, ohne Körper und Seele, aber mit einer kreisförmigen Energie, die kollidierte und sich ins Unbekannte ausbreitete. Ich war im Inneren des computergesteuerten Unsichtbaren, in einer Virtualität, die die Wissenschaft als unmöglich zu vermittelndes Paradigma austreibt. Es war Dezember 2013, ein weiterer bitterer und stürmischer Dezember wie der des Indischen Ozeans, der die Seile eines harmonischen Lebens durchtrennte ... und so kam es ... ich fand mich allein in dieser tragischen Erfahrung, die nur Stille ist.

Dann erwacht, schaute ich mich um ... meine Reise war wieder einmal im Hippokratischen Eid versunken.

Schließlich das Wunder. Aus der Spiegelung der 'großen Scheibe' meines Fensters, genau so wie es an jenem schicksalshaften 10. April 1990 im UniversitätsSpital Zürich geschah, erschien mir eine charismatische menschliche Gestalt ... und so kam es, dass ich ein neues Abenteuer begann.

Am 23. November 2013 – mein Namenstag – war ich in Mailand, an der Nr. 6 des Corso di Porta Vicentina, um Punkt 18 Uhr, der Uhrzeit des Treffens mit Arturo Schwarz. Er war es, der mir das alte Tor öffnete. Wir gingen durch den Hof, um sein großes Haus zu betreten: eine Abfolge von Zimmern mit Dutzenden Holzregalen, aus dunklem Mahagoni glaube ich, geschützt durch Kristallglastüren. Einige der Regale verliefen entlang der gesamten Außenlinie der Zimmer, andere mit Doppelfassade befanden sich mitten im Raum und waren vollständig mit Büchern belegt, die alle durch sorgfältige Katalogisierung archiviert waren.

Bücher sind immer Schwarz' Reisebegleiter gewesen, der Schutzraum, der ihm ermöglicht hat, sich mit der Lebenszeit auseinanderzusetzen, Tag für Tag das große 'Mosaik' seines Geistes einheitlich herzustellen. Linda, seine passionierte Lebensgefährtin, sagt mir, dass er nach dem Betreten einer Buchhandlung darin Stunden um Stunden verbringt, blättert, sichtet, liest, und, wie es Trüffelhunde tun, das zu finden weiß, was er sucht. Es ist ungewöhnlich, dass er den Buchladen ohne ein Buch verlässt. Für Arturo ist das Buch eine Art Verführung, die den Geist gefangen nimmt und den Wunsch verwirklicht, immer mehr zu erfahren.

Die Lektüre ist für den jungen Arturo immer eine dominierende Leidenschaft gewesen. In den Büchern, die sein Zimmer in Alexandria füllten – der Ort, der ihm Freund und Feind war –, fand er die Antworten, um immer mehr sich selbst kennen zu lernen. Es waren die Gefährten, mit denen er sich zufrieden fühlte, die die von seinen Altersgenossen betriebenen Spiele in der Jugend ersetzten. Er hatte einen unerschöpflichen, für einen Jugendlichen seltenen Wissensdurst, der ihm erlaubte, sowohl philosophische als auch wissenschaftliche Fachgebiete zu erforschen und auf dialektische Art und Weise zu analysieren. Seines war nicht nur ein Jugendstudium, sondern ein Lernen, dass ihm dazu diente, zu denken, auszuarbeiten, zu erschaffen. Es verging kein Tag, an dem er nicht auf Blättern eine Darstellung seines Denkens festgehalten und dadurch eine fruchtbare Beziehung, eine Art Kommunikation zwischen Lektüre und Schrift hergestellt hätte, die die Einsamkeit auszutreiben imstande war. Im Laufe der Jahre hat es noch nie ein Zögern gegeben, sondern viele aufeinander folgende Erneuerungen, bei denen das Vergehen der Zeit immer der Initiationsraum seiner Weisheit, sein Hauptbezugspunkt gewesen war und auch heute noch ist.

Während ich ihm nahe war, habe ich an die anderen außergewöhnlichen Begegnungen der Vergangenheit gedacht, Beuys, Harald Szeemann, Pierre Restany, Felix Baumann, Giorgio Gaslini, Merce Cunningham, die mir ermöglicht haben, mich zu entwickeln. Noch einmal wiederholte sich eine Magie, die mich als eine vom Schicksal Bevorzugte fühlen ließ. Mir war bewusst, dass ich von der Schönheit eines Wissens umgeben war, das Plotin *"etwas Einfaches, das, fast Nichtmaterie, die Dinge umhüllt"* nennt. Ich war in der Tat in einer Art *Environment*, das Raum und Zeit verbindet, in einer Situation ohne Leerräume, in denen auch Erinnerungen wie die Gegenwart waren, Atemzüge des Lebens.

An den weißen Wänden des Zimmers, in dem ich mit Arturo und Linda war, gab es die Zeugnisse jener Energie, die in einem ganzen Leben Treffen, menschliche Beziehungen und eine immense Arbeit in Kunst und Weltkultur erzeugt hatte. Im Inneren des Hauses, fast verborgen, ein kleiner Garten, wo die Kunst für Eingeweihte, für diejenigen bestimmt ist, die in der Lage sind, den Blick zu weiten. Ich habe bei jenen 'stabilen Zeichen' verweilt wie in einer Umarmung mit der Menschheit. Dann hat mich Arturo langsamen Schrittes in das Schlafzimmer geführt, ein heiliges Bett, umgeben von Kunstwerken ... nicht ein Wort ... der Blick war seine Stimme. In jenem Augenblick wurde mir bewusst, wie sehr das Wissen immer mit den Wahrnehmungen der eigenen Existenz verknüpft ist, die, so der russische Philosoph Pjotr Demjanowitsch Uspenski, zu registrieren nicht ausreichen, um sie dann zu vergessen, da das Immanente im Menschen lebt wie im eigenen Haus. Ich war eingehüllt in einem 'existenziellen Habitat', in dem es möglich war, den Sinn des Lebens, den Charakter, den moralischen Aspekt, die Vervollkommnung des Menschen zu verstehen. Neben ihm, freundlich, sicher, bescheiden, rational, habe ich mich unbeschwert gefühlt, so als atmete man in der Luft des Hauses den Wunsch auf eine bessere Welt in Widerspruch zu den gesellschaftlichen Verhältnissen ein, in denen wir heute schrecklicherweise zu leben gezwungen sind.

Der heutige Mensch ist halbiert, verstümmelt, unvollständig, sich selbst sein eigener Feind, hat alle Werte verletzt und dadurch die Achtung des Anderen entweiht und alle grundlegenden Prinzipien seiner Mutter Natur vergessen. Auch das Haus hat seinen alten Glanz verloren, weder die Erinnerung und noch die Vitalität von Kultur fallen mehr ins Gewicht, es ist lediglich der Ort, der das Bild einer gesellschaftlichen Stellung zeigt. Der Sinn des eigentlichen Hauses, der menschlichen Nische, die die Persönlichkeit und Kultur der Menschen widerspiegelte, die sie bewohnten, ist verloren gegangen. Sicher, der Ort, an dem ich mich befand, war weit entfernt von dem bescheidenen Haus in Alexandria, wo Arturo als Heranwachsender mit der italienischen Mutter lebte, die von seinem deutschen Vater getrennt war. Ägypten war damals eine andere Welt, es waren andere Zeiten, die Zeit des Leids, der Entbehrungen, jedoch auch des kulturellen Wachstums. Und gerade in dem großen Unterschied zwischen Ägypten und Italien, von Zeiten und Orten, von Empfindungen und verschiedenen Bestrebungen habe ich das nostalgische Bild einer abgeschnittenen Welt wahrgenommen, die aber dennoch das Feuer des Wissens und des Leidens am Leben hielt. Das Ganze sprach von Liebe und einer tiefen Menschlichkeit. Ich gebe zu, dass es mir äußerst schwerfällt, die Gedanken von Menschen zu verstehen, die dem Zuhause und den eigenen Sachen gegenüber gleichgültig sind. Ein Mensch, der sich von Einrichtungskultur nicht bewegen lässt, ist demjenigen ähnlich, so Shakespeare, dem es an Musikalität fehlt, der zum Verrat, Betrug, Raub, Kompromiss, eher für das Haben als für das Sein geboren ist.

Das Haus von Arturo Schwarz ist das Theater seines Lebens, die Bühne, auf der jeder Akt Ausdruck einer in absoluter Freiheit gelebten Existenz ist. Auch meinem Leben habe ich mich mit jenem magischen Gefühl des Willens stellen können, das mich immer und überall hat frei fühlen lassen. Und dies ist es, was mich mit Arturo Schwarz verbindet.

Als im Jahre 2001 meine erste Veröffentlichung *"Pierre Restany. L'Eco del Futuro* [dt. *Das Echo der Zukunft]"* erschien, sagte mir Schwarz: *„Lucrezia, früher oder später schreibst du auch ein Buch über mich".* Erinnerungen sind wie Edelsteine, die es erlauben, menschliche Beziehungen herzustellen, welche, wie in der Musik, gute Ausführende benötigen.

Die erste briefliche Verbindung mit Arturo geht auf den 3. Oktober 1974 zurück, als ich ihn anlässlich der ersten *Diskussion* des deutschen Maestro Joseph Beuys nach

Pescara einlud. Ich wusste schon damals, dass es gemeinsame kulturelle Interessen gab. In meinem Archiv bewahre ich den Brief auf, in dem er mich zu meiner Wahl mit seinem 'Schreibstil' beglückwünschte, der Beweis ist für ein starkes Denken. Später, nach dem vorzeitigen Tod meines Maestro Joseph Beuys, führten mich die Wechselfälle des Lebens 1986 nach Mailand. Hier, in meinem Loft in Via Mecenate, entstand die Zeitschrift für kulturelle Interkommunikation *Risk. Arte Oggi* [dt. *Risk. Kunst Heute*], der berühmte internationale Intellektuelle beitraten. Schwarz war einer der ersten, der großzügig Texte schrieb, in denen sein tief umfassendes kulturelles Wissen Zeugnis von stets persönlich *Erlebtem* war. Ich zitiere einige seiner Abhandlungen: *Haiku per le stagioni del cuore* [dt. *Haiku für die Jahreszeiten des Herzens*], *Sette testi a forma di Haiku* [dt. *Sieben Texte in Haiku-Form*], *Cinque testi dell'errante* [dt. *Fünf Texte des Umherirrenden*], *Pensiero logico e ricerca d'assoluto* [dt. *Logisches Denken und die Suche nach dem Absoluten*], *Al servizio della mente* [dt. *Im Dienste des Geistes*], *La Kabbalah e il profondo rapporto tra l'artista e la sua creazione* [dt. *Die Kabbala und die tiefe Beziehung zwischen dem Künstler und seinem Werk*]. Diese Schriften noch einmal lesend, versteht man, wie sie durch Überwinden der Raum-Zeit-Grenzen Werte und poetischen Sinn unverändert aufrechterhalten. Es gab viele Treffen, in denen der Dialog immer eine sublime Unterweisung darstellte. Sich mit meinem Mann Buby unterhaltend – den Beuys *fratello italiano* [*dt*. italienischer Bruder] nannte –, war es überraschend, neben der physischen Ähnlichkeit die vollkommene Übereinstimmung zu wissenschaftlichen und existenziellen Themen festzustellen, obwohl beide sich in Wirklichkeit in völlig verschiedenen Lebenslagen befanden.

    In seinem Haus, neben ihm um den alten Rundtisch sitzend, der Zeuge vieler Treffen war, habe ich der Erzählung eines Lebens zugehört. Wie in einer Lightbox hat mir Schwarz, mit seinem von schneeweißen Haaren und Bart umgebenen Gesicht lächelnd, die haselnussbraunen Augen hinter dünnen Gläsern, langsam über seine sowohl positiven als auch weniger erfreulichen Erfahrungen wie die Armut, den politischen Kampf, die Gefangenschaft und die in der Kriegszeit erlittenen Übergriffe erzählt. Es sind die Bücher gewesen, die ihm deutlich gemacht haben, wie einzig eine individuelle Anstrengung dem Menschen dabei helfen kann, jeden negativen tragischen Umstand zu überwinden. Arturo Schwarz ist sich sehr früh der Notwendigkeit des Wissens bewusst geworden, um die eigene Persönlichkeit zu entwickeln und jede Sache zu einer eigenen zentralen Wichtigkeit zu führen. Schwarz lehrt uns mit seiner gesamten Arbeit die Notwendigkeit, einen Bezugspunkt zu haben, der als eine notwendige Bedingung zu verstehen ist, das Ziel zu erreichen und die von den Bürgerlichen, den Menschen ohne Eigenschaften so sehr geliebten nichtigen Gegebenheiten auszuschließen, wie er in seinem Buch '*Sono ebreo anche* [dt. *Ich bin auch Jude*]' ausdrücklich anprangert.

Im Leben eines jeden Menschen finden zahlreiche Begegnungen statt, wenn man aber Glück hat, oder besser, wenn man über Intuition und eine natürliche Veranlagung verfügt, können einige davon '*Samen*' sein, die, auf fruchtbaren Boden fallend, für uns selbst und für die Gesellschaft ein fruchtbringendes Gut erzeugen. Damit dies aber geschieht, muss man notwendigerweise ein sorgfältiger Gärtner, frei und Freund der Zeit sein ...

Zeit ist in der Tat unser einziges Vermögen, sie gehört uns vollkommen und wir können über sie verfügen, ohne jedoch zu vergessen, dass sie auch unser Henker ist. Leider hat der heutige Mensch den 'Respekt vor der Zeit' aus seinem Leben gelöscht. Der heilige Franziskus von Sales macht in einem seiner Sermone in Bezug auf die 'Eile' darauf aufmerksam, dass je mehr man rennt, desto mehr man sich beschmutzt. Dennoch gibt es nichts Wertvolleres als die Zeit. Es ist die Zeit, die uns sagt, was wir wirklich sind, weil sie die *Wahrheit* der Menschen ist. In dieser Gesellschaft des schnellen Konsums denkt der Mensch, etwas von seiner Zeit zu verlieren, wenn er die Dinge nicht eilig erledigt, weiß dann aber nicht, was er mit der gewonnenen Zeit anfangen soll. Er begreift nicht, dass dies gerade in jenem Wesen liegt, das Hegel den *Zeitgeist* nennt, welcher imstande ist, der Politik, der Sozialethik, der Gerichtsbarkeit und auch der Wissenschaft, den technischen Fähigkeiten und noch weitaus mehr der Kunst – als Weg, der dem Menschen erlaubt, die kreativen Energien zu potenzieren, das Leben zu spiritualisieren, um frei und Herr der eigenen Zeit zu sein –, einen gemeinsamen Stempel aufzudrücken.

'Frei' sein bedeutet, nicht abhängig zu sein von Geltungssucht, Geld, Kompromissen, Neid, Macht und vor allem keine Angst zu haben. Ich möchte gerne die Worte von Paolo Borsellino wiedergeben: *„Wer Angst hat, stirbt jeden Tag, wer keine Angst hat, stirbt ein einziges Mal".* In meinem Leben habe ich die Angst nie gefürchtet, im Gegenteil, in gefährlichen Situationen hat sich in mir immer eine stärkende Kraft aktiviert, die mir geholfen hat, die Angst zu überwinden. Meine Geschichte enthält persönliche Tragödien: Krankenhäuser und Friedhöfe, Ablehnungen und Unverständnisse, Erpressungen und Einsamkeit. Alles hat mir geholfen, immer stärker, unabhängiger und vor allem kreativer zu werden. Es würde ausreichen, das tragische Weihnachten des Jahres 1994 zu erwähnen, als ich nach ungefähr sechs Stunden inmitten des Indischen Ozeans gerettet worden bin, wo ich für immer meinen Mann Buby Durini verloren habe, und im darauffolgenden

Jahr den Brand, das Erdbeben, die schlimme Krankheit ...
jemand hat mich mit dem *Phoenix* [it. *Araba fenice*] verglichen.
Dennoch muss ich mich als glücklich bezeichnen, weil ich
Hauptfigur und Zeugin unwiederholbarer geschichtlicher
Ereignisse gewesen bin und ich mich von der Energie und
dem Geist bedeutender Menschen der Weltkultur ernährt
habe. Deren Erfahrungen, die Freundschaft, die Achtung der
Unterschiede, die solidarische und freie Zusammenarbeit,
die Bescheidenheit und Großzügigkeit, die leidenschaftliche
Arbeit und die gemeinsame Lebensphilosophie haben mich
mit Unbeschwertheit an der Hand geführt. Ich habe gelernt
und gelehrt. Mein Leben war immer eine Art offene Kette,
wo unglaubliche Zufälle mich zu einer Entwicklung und
einem Wachstum geführt haben, die etwas hervorgebracht
haben, das sowohl anderen als auch mir gedient hat. Dieses
mein Leben, bestehend aus Licht und Schatten, lässt
mich Arturo Schwarz nahe fühlen – einem bedeutenden
Hauptdarsteller der Geschichte der Weltkunst, die das 20.
und 21. Jahrhundert durchlaufen hat, in denen Kultur in
allen ihren Ausprägungen seine Weggefährtin gewesen ist
und ihm ermöglicht hat, jede Widrigkeit zu überwinden,
Mutlosigkeit, Erschöpfung, Groll auszuhalten, die Gewalt und
Ungerechtigkeit zu säen die Kraft haben. Der *Mann auch Jude*
ist imstande gewesen, nicht nur um das tägliche Überleben
zu kämpfen, was viel Tapferkeit verlangt, sondern auch für
Freiheit und Gerechtigkeit.

Nur wenn wir frei sind, können wir die Menschen und
ihre Schwierigkeiten in dem Umfang verstehen, in dem wir
uns selbst verstehen. Für eine gerechte Sache zu kämpfen,
führt zum Sieg, wenn man die richtige Einstellung besitzt,
den richtigen, mit Vorbedacht gewählten Standpunkt hat.
Aber ohne Wissen, ohne Bewusstsein, ist es nicht möglich,
zu sagen, was Recht und was Unrecht ist, auch weil Moral

immer verschieden, der moralische Sinn aber bleibend ist. Und es ist gerade dieser 'Sinn', den ich von Schwarz durch Beobachtung jedes Zeichens erlernt habe: das Haus, der intensive und tiefe Blick und die leidenschaftliche Stimme einer Persönlichkeit, die von Liebe sprechen kann und uns dazu einlädt, zu lernen und ohne Verstellungen zu erinnern.

Wenn wir freie Wesen sind, können wir uns den Fesseln des mechanischen Charakters entziehen, seine Macht mit einem Lebens-'Plan' brechen. Wenn wir aber das Leiden zu vermeiden suchen, keinen Mut haben, uns zu überzeugen suchen, dass die Dinge so weitergehen können, werden wir an einen Punkt gelangen, an dem es nur eine einzige Möglichkeit gibt, und zwar scheinheilige und nichtsnutzige Menschen zu werden.

Bezug nehmend auf das Leben von Arturo Schwarz, fällt mir die *Parabel* ein, mit der Goethe auf die Frage antwortete: Was hast du mit deinem Leben gemacht?

Wenn Köhler Kohle machen – erklärt Jarno Wilhelm Meister – legen sie ein großes Holzstück auf das andere: ein dichtes, regelmäßiges Geflecht, in dem die Luft frei zirkulieren kann. Danach zünden sie das Holz an; und sobald eine Flamme aus jeder Ritze tritt, lassen sie sie nicht brennen, sondern bedecken sie mit Gras und Erde, damit jedes Holzstück, vom Feuer durchdrungen, gleichmäßig brennt. Schließlich verschließen sie jeden Spalt, ersticken die letzten Funken, und der gesamte glühende Haufen brennt nach und nach aus, verkohlt und erkaltet. Dann verkaufen die Köhler ihre Ware an den Schmied und den Bäcker, und wenn sie vielen guten Menschen zur Genüge gedient hat und von Nutzen war, wird sie von den Waschfrauen und Seifenherstellern noch als Asche verwendet.

Wie Jarno ist auch Goethe im Laufe der Zeit 'ein Korb voll guter Buchenkohle' geworden. In jenen Jahren brannte die Liebe und die Nostalgie nicht mehr, die ihm das Herz mit großen heftigen Stichflammen erfüllte und die er wie nutzlose Asche über die Welt zerstreute: er versteckte sie, kühlte sie unter den Körben, den Clichés und den Konventionen ab. Was nützten den Menschen seine Anwandlungen von Liebe? Anstatt Flammen und Asche wollte er ihnen nur gute Buchenkohle: genaue Fähigkeiten, beschränkte Geschicklichkeiten anbieten, wie die Arbeitsweise eines Botanikers oder eines Mineralogen, die Bildung eines Gelehrten für historische Kunst, die Vorsicht eines Diplomaten, die Weisheit eines Wortkünstlers. Während die Kohle der Köhler vom Schmied oder vom Bäcker verwendet wird, konnte seine bescheidene Kohle für die Großen und Bescheidenen der Welt, die Wissenschaftler und Künstler, Philosophen und Literaten, alle nach Genauigkeit strebenden Geister nützlich sein.

Aber wie das Holz im Stillen brennt, wenn die Erde und das Gras es bedecken, so brannte die Liebe in ihm unbemerkt weiter und bedeckte ihn vollständig. Der lockere, weiche Haufen der Empfindungen und Beunruhigungen, den er unterdrückt, die Hoffnungen, die er aufgegeben, das Glück, von dem er Abschied genommen hatte – alles das, was einst auf der Oberfläche glänzte –, hatte sich langsam in einer symbolischen Substanz konzentriert, hart wie Diamant, die nicht aufhörte, ihre äußerst süßen, unbegreiflichen Strahlungen auszusenden.

Aus dieser *Parabel* kann man den Sinn des Lebens von Arturo Schwarz verstehen, begreifen, wie lebenswichtig es für ein menschliches Wesen ist, aus der Kultur ein Ganzes mit der eigenen Existenz zu bilden, sich als Wegweiser des Denkens und Bedürfnis des Seins dem Wissen zu verschreiben.

Der Wert des Menschen

Eine zunehmende Anzahl von Menschen hegt heute kreative Ambitionen und verfügt über einfache und preiswerte Mittel, um sie zu pflegen, aber ein kurzer Blick ins Internet zeigt uns, wie viele das Schlimmste von sich zur Schau stellen, nur um Aufmerksamkeit auf sich zu ziehen. Jener Ehrgeiz, der einst demjenigen zu eigen war, der das Verlangen nach Wissen sowohl über sich selbst als auch über die Welt hatte, scheint heute ein schleimiges kollektives Erbe zu sein, der Preis, den die kulturelle Demokratie (im weitesten Sinne) zu zahlen gezwungen ist. Diejenigen, die zu allem bereit sind, nur um in dieser nachsichtigen *Hall of Fame* etwas zu gelten, sind das Überbleibsel einer falschen Romantik und eines Verlustes an Werten. Das hat seinen Ursprung in der Überzeugung, dass Werke, seien sie schön oder häßlich, dumm oder nicht, das Ergebnis individueller Entdeckungen sind, wie eine Glühbirne, die im Kopf einer einzigen Person angeht. Dies ist hingegen eine vom tatsächlichen kreativen Prozess weit entfernte Vorstellung, welcher das Ergebnis einer auf solidarischer und freier Zusammenarbeit gründenden Operativität ist. Eines ist die Erfindung, wie sie sich im Design, in der Architektur, in der Mode, in der Werbung, in der Technologie, in der Wissenschaft wiederfindet, ein anderes ist die reine kreative

Forschung wie die der Kunst, der Literatur, der Philosophie, der Dichtung, die die Transzendenz mit dem Ziel streift, dem Menschen nützlich zu sein und im Dienste einer besseren Gesellschaft zu stehen.

Leider ist auch Kultur vom Virus des Gebrauchs, also vom Geschäft, von der Macht, von den Medien, vom politischen Kompromiss, vom Durst nach Geltung, Opfer des Erscheinungsbildes und des Habens, heimgesucht worden. Mehr als die Aufmerksamkeit auf kreative – häufig kranke und, sagen wir ruhig, begünstigte – Einzelfälle zu richten, müssen wir an uns selbst im Zusammenhang mit weitreichenden Netzwerken kultureller Interkommunikation denken, um uns gemeinsame Ziele zu setzen, unsere politischen, ökonomischen, kulturellen, existenziellen Kräfte zur Integration unterschiedlichen Wissens, zum Bau von Inseln verbindenden Brücken auszurichten. Es handelt sich um eine langwierige und schwere Arbeit. Dennoch gibt es gewissenhafte und sensible Menschen mit klaren Ideen und ethischen Grundsätzen, die sie Tag für Tag, ohne irgendein Privileg, ohne Zaudern, ohne Zweifel praktizieren. Diese Menschen beweisen mit ihrem Tun in verschiedenen Lebenslagen durch solidarische Gesten, umfassende Forschungen, Studien und soziale Operativität, freie und mutige Menschen zu sein, die darum kämpfen, die Macht derjenigen zu stürzen oder zu beschränken, welche sich zwanghaft von ihrer schlimmsten Seite zeigen und es möglicherweise auch schaffen, unsere Aufmerksamkeit von jenen gemeinsam in Angriff zu nehmenden Herausforderungen abzulenken. Das Verfahren der Auseinandersetzung und der Solidarität kann zu den richtigen Leuten durchdringen, das heißt zu denen, die nicht nur nehmen, sondern auch geben können. Wenn kleine Gruppen meinen, die Arbeit für sich selbst auszuführen, verfälschen und schädigen sie die erweiterte Vision. Die

Verfälschung kann nur verhindert werden, wenn die Arbeit dem gesamten Dasein angehört, das jeden von uns betrifft. Daher gilt das russische Sprichwort: *„Wenn es gefällt, mit dem Schlitten hinabzufahren, muss es auch Freude bereiten, den Schlitten hinaufzuziehen"*. Arturo Schwarz ist ein Beispiel jener seltenen Persönlichkeiten, die würdig sind, 'Uomini [*dt.* Menschen]' genannt zu werden. Er ist Dichter, aber auch Held, da er gezeigt hat, wie ein Mensch sein eigenes Leben reifen lassen, radikal verändern, zerstören, retten kann. Hinter dem fleißigen Sämann, aber auch strengen Gärtner, gibt es unauslöschliche Spuren, die sowohl von Entdeckungen bedeutender Künstler und Freundschaften – von Duchamp bis Breton, von Picabia bis Man Ray und andere – handeln, die die Geschichte der Weltkunst bestimmt haben, als auch von Studien und Schriften, von der Kabbala zur Alchemie, vom Tantrismus zur Anarchie, von der prähistorischen und Stammeskunst zur philosophischen Kunst Asiens. Sie verraten auch den Gelehrten, den aktiven und spirituellen Wegbereiter der Surrealisten und Dadaisten in ihm, eine Mission, die er mit jedem Mittel und bei jeder Gelegenheit unter Achtung des Wissens und des Rechts auf Freiheit betrieben und verbreitet hat.

Als Jugendlicher ist Schwarz glühender Aktivist des Zionismus gewesen, einer politischen Bewegung, deren Ziel es war, in Palästina eine durch internationales Recht anerkannte Nation für das jüdische Volk zu schaffen. Er kämpfte zusammen mit anderen jüdischen Jugendlichen hart für die Durchsetzung dreier wichtiger Ziele: die landwirtschaftliche Kolonisierung Palästinas als Mittel, um den Juden ihre Würde wiederzugeben und die tatsächlichen Rechtsansprüche auf das Territorium geltend zu machen, eine Rückkehr zur Tradition mit der Wiedergeburt des nationalen Geistes jener kulturellen und religiösen Werte des Judentums und schließlich die Verabschiedung einer Internationalen Charta zur Autorisierung der jüdischen Emigration nach Palästina. Für diese Ziele nahm Schwarz unmenschliche Qualen, Übergriffe, Ausschlüsse, Ausweisungen auf sich, sah viele seiner Freunde niedermetzeln, junge Menschen, die für ihr Land kämpften. Aber die rassistische Gewalt, die sein Dasein als junger Mann durchdrungen hat und dazu bestimmt schien, ihn für immer zu ersticken, hat seine Persönlichkeit, den demokratischen und zivilen Geist des menschlichen Zusammenlebens, das Verlangen, sein Land frei zu sehen, nicht im Geringsten ins Wanken gebracht. Die im Konzentrationslager Abukir erlittenen, schrecklichen Torturen, der brutale Riss der Fußnägel, haben es nicht vermocht, den Sinn und den Humor des Lebens zu treffen. Es ist schwer vorstellbar, wie es möglich gewesen ist, zu widerstehen, als keine Veränderung oder Befreiung möglich schien. Und es ist schwer vorstellbar, wie es möglich gewesen ist, sich nicht der Mutlosigkeit, der Entwürdigung, der Niedergeschlagenheit und dem Hass zu ergeben, nicht zu erlauben, dass die erlittene Gewalt seine Weltsicht, seinen Charakter, seine Lebensweise verändern.

Dank der Amnestie verließ Arturo Schwarz im Jahre 1949 wie durch ein Wunder das Gefängnis. Ihm gelang es, an Bord eines alten Kahns zu gehen, zuversichtlich, in Italien zu landen und Mailand zu erreichen, wo seine Mutter geboren war. Er erinnert sich an jene lange unsichere Überfahrt; obwohl in bedenklicher körperlicher Verfassung und nichts besitzend als das, was er im Gefängnis anhatte, trug er den Stolz in sich, Jude zu sein, das starke Denken dessen, was er Tag für Tag seit frühester Jugend erworben hatte. Eine Weisheit, die ihm in der Mutlosigkeit und im Schmerz eine große Hilfe war. Auf jenem Boot fühlte er sich als Erbe eines

Volkes, das zweitausend Jahre lang verfolgt worden war, und auch stolz, in seinem Gedächtnis die vielen Lektüren aufbewahrt zu haben, die ihn über die Einsamkeit und den Schmerz hinweggetröstet hatten.

Das Herz von Schwarz war selbst unter jenen traurigen Bedingungen frei von Hass und Ressentiment, stets überzeugt, dass sein Staat, sein Land, seine Kultur trotzdem mit gleichem Titel und Recht zur ganzen Welt dazugehören würden. Er hatte weder Angst gehabt, für seine jüdischen Landsleute, sein Heimatland Partei zu ergreifen, noch beim Eintreten für seine Zugehörigkeit zu sterben.

'*Man soll nie die Fahne einholen*' war das Motto der französischen Surrealisten, das Schwarz am eigenen Leib praktiziert und den Verlauf seines Lebens in der Kunst verändert hat. Das surrealistische Zitat hat auch mir sehr viel genützt, und oftmals habe ich es von Unglücken getroffenen Freunden überlassen. Veränderungen finden durch Sittenfreiheit, Mut, Liebe, Poesie statt.

Während er mir von den tragischen Ungerechtigkeiten erzählt, die er erlitten hat und jahrelang hat erleiden sehen, empfindet Schwarz keinen Hass für die Unterdrücker von gestern, weil er jenen Zivilisationsprozess immer aufrecht erhalten hat, den jeder von uns vollziehen muss, um echter Weltbürger zu sein, um frei zu sein, Liebe für die eigene Heimat, Religion, Identität auszudrücken. Wenn ein Mensch von Hoffnung und Mut geleitet ist, besitzt er auch die Kraft, für eine gerechte Sache jede Demütigung zu ertragen. Aber es braucht Mut, Fantasie und eine weitreichende aufgeklärte Vision, wie jene von Arturo Schwarz, Maestro di Vita [*dt.* Lehrmeister des Lebens].

Heute haben wir die Lust auf Wissen, die Begeisterung des Geistes, den Eifer der Erregung vergessen. Wir leben in einem historischen Zeitalter von technologischen Fortschritten,

Techniken und Verfahren, Arten zu sprechen und zu handeln,
die für jede Situation gelten, und das Fernsehen wirkt daran
mit als 'maestra [*dt.* Lehrmeisterin]' unseres alltäglichen
Lebens, in dem Moden und Gruppenvorlieben sowohl von
der Politik als auch von der Religion diktiert werden. Was
in der heutigen Gesellschaft geschieht, ist ein Stereotyp,
das den Verführungen der Revivals, der kulturellen Moden,
dessen, was 'in' und was 'out' ist, der Meinungsumfragen,
der kollektiven Verliebtheit, der Mobiltelefone, der
Bücher ohne Inhalt, der durch den Kontakt mit der Politik
kompromittierten Sänger, Künstler und Kritiker, der mit
Kunststoff erschaffenen 'Stelline [*dt.* Sternchen]' und sogar
Papa Francesco unterliegt, den wir täglich im Fernsehen
zu sehen gezwungen werden ... wir sind von den Medien
gelenkte Marionetten geworden.

Wir brauchen eine angemessene historische Revision, um
zu lernen und lehren, um über das Werk von bedeutenden
Menschen zu reflektieren, die das intellektuelle und
spirituelle Bildungsvermögen sind, um das zu klären,
was für uns unverständlich ist. Das Denken und Handeln
heldenhafter und weiser Persönlichkeiten wie Schwarz sind
notwendig, sowohl um über die Gegenwart nachzudenken als
auch zur Orientierung für die Zukunft. Wenn wir ihr Leben
analysieren, werden wir feststellen, dass es voller Mut ist und
dass die Weltgeschichte, so Hegel, nichts anderes ist, als der
Fortschritt im Bewusstsein der Freiheit.

Nur durch eine taktvolle nähere Beschäftigung mit dem
Leben einer Persönlichkeit wie Arturo Schwarz können
wir begreifen, wie wichtig Zusammenhänge, menschliche
Beziehungen, Lektüren, Schriften sind und vor allem, sich
bewusst zu sein, dass Kommunikation eine *Conditio sine qua
non* menschlichen Lebens und gesellschaftlicher Ordnung
ist. Es ist ebenfalls offensichtlich, dass nur Menschen wie

Schwarz, die in einen komplexen Prozess des Erwerbs der Regeln der Kommunikation involviert sind, das Bewusstsein entwickelt haben, welches sie dazu veranlasst, von denen zu lernen, die vor ihnen 'gelernt' haben.

In Schwarz, in seinem tiefen und sehr sanftmütigen Blick, den die äußerst harten Wechselfälle und die Schwierigkeiten nicht zu berühren fähig waren, gibt es etwas Klassisches, Höheres. Seine Lebensgeschichte hat für mich den Wert einer wertvollen Bereicherung, die imstande ist, in meinem Kopf die Eindrücke in Bilder, in Visionen nicht nur von persönlichen Ereignissen zu verwandeln, sondern als Bezugspunkte und Lehren einmaliger, von ihm in erster Person erlebter historischer Augenblicke. Ich habe begriffen, dass der messianische Optimismus, der die jüdische Geschichte durchdringt, das 'Ecclesiasticus' genannte Buch, genauer gesagt *Die Weisheit des Jesus Sirach,* nicht weniger als andere Werke jener Zeit eine Art Ratgeber für Juden darstellt, die sich nicht in die Fragen der verschiedenen Sekten verstricken wollen und dass Gottesfurcht das Prinzip der *Weisheit,* der ewige Antrieb des Judaismus ist, da sie das unerschütterliche Streben der Menschheit symbolisiert, um die Bedingung für die Erlösung zu erreichen.

Arturo Schwarz betrachtet sich als Anarchist, man muss aber verstehen, was der tiefere Sinn seines Anarchischseins ist. Ich würde die beiden Begriffe Anarchie und Freiheit verbinden, weil, so der griechische Philosoph Demokrit, „*der Weise .. nicht den Gesetzen gehorchen, sondern als freier Mann leben [muss],* und wie ich hinzufügen würde, gemäß den Idealen, die der sozialen Gerechtigkeit dienen. Anarchie ist, wie ihre Etymologie angibt, die wir alle kennen, die Theorie, die sich dem Staat als Verkörperung der in der Regierung der Gemeinschaft eingesetzten Kraft widersetzt. Die Regierung, die der Anarchist tolerieren kann, muss eine freie Regierung sein. Anarchisten widersetzen sich Einrichtungen, mittels derer der Wille eines Teils der Gemeinschaft durchgesetzt wird. Wenn Minderheiten mit Gewalt oder durch deren mögliche Anwendung gezwungen werden, sich dem Mehrheitswillen zu unterwerfen, schwindet Freiheit als höchstes Gut anarchischer Überzeugung, folglich befindet man sich in einem diktatorischen Regime.

Viele Intellektuelle aus verschiedenen Fachgebieten haben diesen Gegenstand behandelt und auch erlebt, aber die anarchische Vision von Arturo Schwarz hat ihre Wurzel in einer tiefen emotionalen Aufladung, die Aufmerksamkeit und Respekt verlangt. In ihm lebt ständig der Kampf zwischen Leben und Tod, Gegenwart und Vergangenheit, aber in die Zukunft blickend zwischen Menschen und Dingen, Bewusstsein und Wissen, Sein und Haben, Leiden und Stolz. Seine politische Vision ist eine Demokratie als Erweiterung und Bestätigung der individuellen und kollektiven Freiheit. Die poetische Sprache ist die Anarchie von Schwarz, den letzten Surrealisten der ursprünglichen Gruppe. Sein Leben ist wie ein 'Mosaik', in dem sich die Vergangenheit in einer Gegenwart regeneriert, in der die subjektive Erfahrung des Lernens wesentlich ist. Häufig ist das Ideal der Freiheit in den Dienst der Tyrannei gestellt worden, das Ideal der Gleichheit in den Dienst von Privilegien, Bestrebungen in den Dienst des Machtmissbrauchs. Ein beispielloser Schwindel, der das soziale Leben großteils durch die Schuld der Intellektuellen verfälscht, die politische Tätigkeit korrumpiert, den Sinn von Moral umgekehrt und Unterwürfigkeit und falsches Denken auf den Thron gesetzt hat.

Einer der wenigen wahren Intellektuellen in der Zeit nach dem Zweiten Weltkrieg, den Italien besessen hat, ist Pier Paolo Pasolini gewesen. Ich hatte das Glück, ihm Anfang der 70er Jahre zu Hause bei meiner Freundin und Trauzeugin

Lina Wertmüller zu begegnen. Pasolini war ein aufmerksamer Beobachter der sozialen Veränderungen, radikaler Kritiker bürgerlicher Gewohnheiten und der entstehenden Konsumgesellschaft, in der wir heute zu leben gezwungen sind. Er wurde am 2. November 1975 ermordet, weil er als freier und mutiger Intellektueller und als Homosexueller dem weltlichen und kirchlichen System jenes historischen Augenblicks nicht funktionell war. Bis heute ist sein Tod nicht aufgeklärt. Seine Schriften und Interviews zu lesen, seine Filme anzuschauen, bedeutet, sich der Welt bewusst werden, uns selbst in Frage zu stellen.

Ein weiterer bedeutender atypischer Intellektueller, den ich gerne erinnere, ist Walter Benjamin, Philosoph, Literat, einer der glühendsten und originellsten Denker des 20. Jahrhunderts, der zwischen dem Ersten und Zweiten Weltkrieg lebte und Freund von Adorno und Brecht war. Seine Schriften sind vom starken Denken geprägte wissenschaftliche Abhandlungen. Als Jude wurde auch er im Konzentrationslager Nevers der Folter unterzogen. Im Jahre 1940 freigelassen, versuchte er ein Visum für die Vereinigten Staaten zu bekommen, wurde aber in Portbou an der spanischen Grenze festgehalten, und in der Nacht vom 26. zum 27. September nahm er sich das Leben. Mein Freund Dani Karavan, einer der bedeutendsten jüdischen Künstler, hat für die Stadt Portbou eine Walter Benjamin gewidmete Skulptur geschaffen.

Um das ausgefüllte, aus Mut und Weisheit bestehende Leben von Arturo Schwarz zu ehren, muss man verstehen, wie dieses ein Abenteuer voller Menschlichkeit gewesen ist. Eine Reise, die im Alter von vollendeten neunzig Jahren mit allen Mitteln, die Kultur zur Verfügung stellt, andauert, die das außergewöhnliche Ereignis des Surrealismus als wesentlichen Bestandteil seiner Lebensart, als Rebellion gegen soziale und kulturelle Konventionen, als tiefe Transformation des Lebens, in dem sich Freiheit und Liebe in Poesie vereinigen, entfalten kann.

Seine Anarchie ist menschliche Poesie.

Die menschliche Kommunikation

Für eine Reflexion über die potenzielle Existenz von Spiritualismus und Materialismus zu gleichen Teilen sowohl im Menschen als auch in der Gesellschaft lasse ich mich von der Zeitschrift '*Le Gran Jeu*' anregen, veröffentlicht in Paris in den Jahren 1928-1930, ein kurzer Zeitabschnitt, wenn man seine intensive Inkubationszeit nicht berücksichtigt, ein Abenteuer, das auf den Schulbänken zwischen Reims und Paris beginnt und dessen Hauptfigur eine Gruppe von Fünfzehnjährigen ist, die von den ersten gemeinsamen Erfahrungen an und durch ihre intensiven Briefwechsel zeigen, Willenskraft, Reife und vor allem die Fähigkeit zu besitzen, für einen deutlichen kulturellen Wandel einzutreten.

Das *Denken*, das die gesamte Gruppe anstrebte, entsteht aus Lektüren, Studien und Verhaltensweisen, die auf engen Ähnlichkeiten und Übereinstimmungen beruhen, welche Rimbaud als Vorbild haben. Ihr Sichausdrücken sowohl in Versen als auch in einer freien Prosa, die reich ist an Wortspielen und jeder Art von Assoziation von weder konstruierten noch durch das Unbewusste beeinflussten Ideen, zielt darauf ab, die Blödheit des Individualismus zu demonstrieren. Die stark geprägte Gruppe besteht anfänglich aus Roger Gilbert Lecomte (genannt Rog-Jarl), René Daumal (Nataniel), Robert Meyrat (Stryge), Roger Vaillant

(François), Pierre Minet (Pheré Pbluet) und später auch
aus Joseph Sima (der Maler der Bewegung), Maurice Henry,
André Rolland de Renéville, Hendrike Cramer, Arthur
Arfaux. Diese Gemeinschaft, besser bekannt als '*Le Gran Jeu*',
nimmt einen wichtigen Platz in den Avantgardebewegungen
der ersten Hälfte des vergangenen Jahrhunderts ein. Sie ist
in gewissem Sinne eine Initiationsgemeinschaft, in der jedes
Mitglied, egal, was es macht, dies mit dem Willen betreibt,
die spirituelle Einheit zu bewahren und zu festigen und
gleichzeitig eine Botschaft zu verbreiten, die noch heute
imstande ist, nicht wenige Denkgewohnheiten zu erschüttern
und uns dazu veranlasst, über die Spiritualität und zugleich
über das praktische individuelle Leben, das wir führen,
nachzudenken.

In weit zurückliegenden Zeiten trug der Mensch den
Gegensatz von Geist und Materie, eine allzu simple und
narzisstische Dichotomie in sich. Heute ist der Konflikt
erloschen, und man müsste eine große Anstrengung
unternehmen, um den humanistischen Narzissmus zu
Gunsten eines kosmischen Bewusstseins aufzugeben, das uns
dazu bringt, die hohen Gipfel der universellen Landschaft zu
entwerfen. Diese Belebung des Geistes befindet sich einerseits
in der DNA des Menschen und gehört zu 'auserwählten'
Menschen, andererseits wird sie über allgemeine Bildung
erworben oder gefestigt, die durch Studien und Lektüren
hervorgebracht wird, die im Menschen jenen kosmischen Sinn
einprägen, der Egoismen und Widrigkeiten zu überwinden
erlaubt, welche den Lauf des Lebens unabwendbar begleiten.
Und es ist gerade dieser kosmische Sinn, der die Gesellschaft
daran hindert, sich in einen Termitenhügel zu verwandeln
und dessen Expansion unterbindet. Die Spiritualität, auf
die ich mich beziehe, beinhaltet weder das streng Religiöse,
was arbiträr ist, noch verweist es auf das Ehtische oder

Ästhetische; ihre Bedeutung ist sehr viel weitreichender: Es ist jener faszinierende Bereich, der dem Menschen erlaubt, in dem so sehr auch konfusen und unbestimmten Bewusstsein eines Naturgewissens zu leben. Und es ist der Inhalt dieses Bewusstseins, den sich der Mensch aneignet, um den Ort zu verstehen, den er im Kreise anderer Menschen in der Natur, in der übernatürlichen Welt (vorausgesetzt, dass deren Existenz anerkannt wird) einnimmt, folglich die Beziehung der Vergangenheit zur Gegenwart beim Betrachten der Zukunft.

Natürlich kann diesen seltenen Menschen nicht der Mensch angehören, der mit der Verbissenheit eines ins Wasser gefallenen Landtieres nach Beständigkeit strebt. Leider besitzt der Großteil der Äußerungen unseres Lebens eine große spirituelle Unsicherheit, und wenn die Welt so hart und feindlich erscheint, ist es darauf zurückzuführen, dass sie die zentrale Bedeutung der spirituellen Welt verloren hat. Der Geist kann es nur weit bringen, wenn er durch den Verstand und das Herz begleitet wird. Daher kommen uns das Wissen, das Recht und die Vernunft zu Hilfe und, wie ich mit Elémire Zolla, einem bedeutenden Intellektuellen, den ich das Vergnügen hatte anlässlich der Veröffentlichung seiner interessanten Aufsätze in mehreren Ausgaben meiner Zeitschrift 'RISK. *Arte Oggi*' kennenzulernen, übereinstimme: *„Nur ein athletischer Trainer führt zum richtigen Atmen, besser noch, zum Von-der-Atmosphäre-eingeatmet-werden, so wie ein spiritueller Kampf unerlässlich ist, damit die metaphysische Erfahrung zur Stütze des Lebens wird."*

Und es ist genau diese Stütze, um die sich das Leben von Arturo Schwarz dreht, da Kultur ein wesentlicher Bestandteil des menschlichen Erbes ist. Ihren Einfluss auf die Entwicklung der Persönlichkeit zu untersuchen, bedeutet nicht, einen alten Konflikt in Bezug auf die Wichtigkeit der kulturellen im Gegensatz zu den biologischen Faktoren fortzuführen, sondern heißt, anzuerkennen, wie die biologische Natur des menschlichen Organismus von der Aneignung kultureller instrumentaler Charakter abhängt, die die spirituelle und kognitive Entwicklung ermöglichen, woher die vielen Antworten auf die Fragen des Lebens stammen. An diesem Kreuzungspunkt lebt das esoterische Feuer der Schriften von Arturo Schwarz, eine Schreibkunst, die menschliche Kommunikation ist, Enthüllerin einer Sprache, die die Magie jener dem Judaismus eigenen Lehren auf den Leser überträgt, welche in poetischer Form zwischen Abstraktion und Präzision zur Klärung und Bestätigung eines transzendentalen Denkens beiträgt.

Schwarz spricht von Auferstehung, von Wiedererwachen des Menschen in der spirituellen Dimension mit einer eigenen Sprache, die für den französischen Psychoanalytiker Jacques Lacan „*.. Konstruktion einer Kommunikation [ist], bei der der Sender seine eigene Botschaft vom Empfänger in umgekehrter Form erhält*". Die Essayistik von Schwarz dient auch als 'Interpretationsschlüssel' für die Kenntnis des Transzendenten, bei dem Alchemie und Kabbala philosophische Instrumente, ein 'starkes Denken' sind, das zum Gleichgewicht, zur Harmonie zwischen Seele und Leben, zum verwirklichenden Denken führt, welches sich in einer eigenen Sphäre vollzieht und ausbreitet, dort aber heraustritt, um sich in der Realität zu erfüllen. Welcher Realität? Realität kann tausend unterschiedliche Bedeutungen haben, daher bedarf es einer integralen Vision der Realität, um über geeignete Instrumente verfügen, in die Welt der Vernunft eintreten zu können, nicht um nach der Wahrheit, sondern der Bedeutung von Tatsachen und Ereignissen zu forschen und sie auszuarbeiten.

Als ich das Buch '*Cabbalà e Alchimia* [dt. *Kabbala und Alchemie*]' (veröffentlicht im Jahre 2004 bei Garzanti in

der Reihe 'Gli Elefanti') von Arturo Schwarz – als einer
der bedeutendsten Gelehrten der Welt zu diesen Themen
anerkannt – gelesen habe, musste ich, da absolut unerfahren,
auf meinen Verstand zurückgreifen, um zu verstehen, wie
Kabbala und Alchemie beide esoterische Lehren sind, die
den Menschen dazu führen können, sich von bestimmten
Konditionierungen des Lebens durch Lobpreisung der
Liebe, der Freude und vor allem bei voller Selbständigkeit
der *Person* zu befreien.

Mit Schwarz in seinem Haus zu sein, durch seine Stimme
den wertvollen Überlegungen zuzuhören, hat es mir erlaubt,
mir bewusst zu werden, wie seine Prozesse des Denkens
– wenn auch zwischen Schrift und Wort unterschiedlich
– keinerlei Änderung erfuhren, da sie von einer zutiefst
menschlichen, psychologischen Potenzialität bestimmt
waren. Durch die Räume seines Hauses gehend, stand ich vor
beeindruckenden Holzskulpturen afrikanischer Herkunft,
welche von modernen und zeitgenössischen Kunstwerken
umgeben waren, die, einen starken historischen und
menschlichen Kreislauf erzeugend, die Persönlichkeit des
Hausherrn widerspiegelten. Mir sind die Skulpturen wieder in
den Sinn gekommen, die ich vor Jahren im Museo Nazionale
Preistorico Luigi Pigorini in Rom und im Ethnologischen
Museum in Berlin gesehen hatte, und habe daher begriffen,
wie sich in jenen 'Figuren' das Gewicht der Zeit befand, einer
weit zurückliegenden Zeit, in der die Werte der Geschichte
zwischen den Dingen des täglichen Bedarfs und dem *Homo
faber* vermittelten, der mit kreativer und intuitiver Hingabe
seine Fähigkeit mit dem Material-Holz, Produkt der Natur,
in Beziehung zu setzen wusste. Mir ist ebenfalls bewusst
geworden, wie wichtig die Kohärenz im Leben eines 'Weisen'
wie Schwarz, in seinen tiefgehenden kulturellen Interessen,
in den Schriften zur prähistorischen und Stammeskunst, zur

Philosophie Asiens und zum Tantrismus ist, repräsentativ für eine Welt, die, Raum und Zeit umgebend, Ausdruck menschlicher Weisheit sind.

Alle Zivilisationen, vom alten Mesopotamien bis zum fernen Orient, von der klassischen Welt bis zum christlichen Mittelalter, von den Stammeskulturen Afrikas und Ozeaniens bis zu den Völkern des präkolumbianischen Amerikas, haben von Symbolen gelebt: uralte Symbole, die als tägliche Metaphern in den Bildern unserer Gedanken und in unseren Träumen wieder auftauchen, welche dem astrologischen Denken der Magie, des Okkultismus und auch der 'Zahlen' zugrunde liegen, die nicht nur Quantität, sondern auch Ideen und Stärke darstellen. Da für die traditionelle Denkweise der Zufall nicht existiert, besitzt das Nummerieren von Dingen oder Fakten große Bedeutung und erlaubt in einigen Fällen, Zugang zum wahren Verständnis von Menschen und Ereignissen zu haben. Zahlen haben eigene Eigenschaften und Besonderheiten und ihre Interpretation ist eine der ältesten Symbolwissenschaften. Für Platon bildeten sie den Grad des Wissens und das Wesen der kosmischen und inneren Harmonie. Für Pythagoras waren sie sein Hauptinstrument und für den griechischen Philosophen Giamblico di Calcide „[*ist*] *alles … nach Zahlen organisiert*".

Meiner Erfahrung nach sind Zahlen sichtbare Hüllen, die nicht nur die physische Harmonie und die vitalen und räumlichen Gesetze, sondern auch die menschlichen Beziehungen regeln. Im aztekischen Denken haben Zahlen eine kosmische Bedeutung, jede von ihnen ist an einen Gott, an eine Farbe, an einen Punkt im Raum, an eine Gesamtheit guter oder schlechter Einflüsse gebunden. Zum Beispiel ist die Zahl 3 für mich immer ein Beziehungsknotenpunkt gewesen, auch dann, wenn sie sich mit einer anderen Zahl verbunden hat; in der Tat haben die 13 und die 23 immer sowohl positive wie negative Treffen und Ereignisse gekennzeichnet. Esoterisch gesehen verbindet mich eine Zahl mit Schwarz, genau die 3, unser Geburtstag.

Die 3 ist das Symbol der 'Dreifaltigkeit' der Esoterik, sie besitzt eine hohe Einbeziehungskraft und ist auch das Symbol von Versöhnung, Harmonie, Gleichgewicht und Vitalität, da sie eine tiefgehende Energie ausstrahlt, die die Vorstellungskraft anregt, die Fähigkeit, erworbene Kenntnisse auf bestmögliche Weise anzuwenden, um neue Kommunikationssysteme auszuarbeiten, was die innere Persönlichkeit zum Ausdruck zu bringen erlaubt. Durch die Zahl 3 repräsentierte Personen finden ihre eigene Rolle in der Beziehung zu anderen durch das Teilen von Ideen, Gedanken, Emotionen, Tätigkeiten mit einem hohen Maß an Optimismus und Kreativität.

Diese Motivationen verweisen auf Arturo Schwarz – ein Mythos des Zeitgenössischen –, auf seinen stimulierenden Anstoß, ein fürstliches Talent für diejenigen, die das Glück gehabt haben und noch haben, ihm zuzuhören und sich seine wertvollen Lehren zu eigen zu machen.

Die Poesie der Liebe

Man kann den Dichter Arturo Schwarz nicht verstehen, wenn man nicht vor allem die Liebe in ihrer ganzen Essenz, als Fokus des Lebens berücksichtigt, das sich in tausend Situationen entwirrt. Eine Liebe, deren ästhetische Dimension Schwarz' gesamte Existenz zwischen Psyche und Eros durchzieht. Eine Verbindung, die kognitiver Stimulus ist, Leidenschaft für das Leben und für die 'Frau' als heiliges Rettungsfeuer, Hüterin des Mysteriums der Sexualität, das auf die *Coincidentia oppositorum*, die Einheit der Gegensätze verweist: eine menschliche Erfahrung zwischen dem Stofflichen und dem Mystischen. Den 'Initiations'-Weg hat Schwarz Tag für Tag mit jener emotionalen Kraft beschritten, die einerseits die grundlegende Pulsation seines Seins und andererseits die Libido repräsentiert hat, welche dazu antreibt, sich im Handeln zu verwirklichen. Eine Einzigartigkeit der Liebe, die mit dem Leiden eine Philosophie des freien und intakten Lebens geschaffen hat und den Gesang des Dichters der universellen Welt der Kultur spendet. Seine stummen Worte nähren sich aus und verschmelzen in der Potenzialität seines Wesens, während seine Traumfantasien ein Durchgang sind, bei dem sich jeder Akt mit physischem, esoterischem, sinnlich wahrnehmbarem und spirituellem Austausch im Erlebten ausdrückt. Für Schwarz können nur

Liebe und Zuneigung die Antagonismen überwinden und
unterschiedliche Kräfte in derselben Einheit, dem poetischen
Charisma, aufnehmen.

Nach der Explosion des *Wesens* in viele Wesen ist die Liebe
aus kosmischer Sicht – vor allem bei den 'Auserwählten'
– die Kraft, die zur Einheit zurückführt, sie ist die
Wiedereingliederung in das Universum, der Übergang von
der Unbewusstheit des primitiven Chaos zur Reflektiertheit
einer bestimmten Ordnung. Die Libido leuchtet in dem
Bewusstsein auf, in derdem_! sie zu einer spirituellen Kraft
von moralischem und mystischem Fortschritt werden kann.
Das individuelle *Ich* folgt einer dem Universum ähnlichen
Evolution: die Liebe als Suche nach dem vereinigenden
Sinn, der eine dynamische Synthese ihrer Potenzialitäten
zu verwirklichen erlaubt. Es ist diese Liebe, die das
dichterische Werk von Schwarz erschafft, eine durch die
persönlichen Abenteuer hervorgebrachte Kunst, in denen
Leid, Gerechtigkeit, Freiheit, Toleranz, Wissbegierde und
Natur nebeneinander bestehen, um sich in der erhabenen
Landschaft des Universums wieder zusammenzufügen: die
Liebe als Arena des eigenen Lebens.

Die Natur, die Schwarz liebt, ist nicht nur unsere Mutter
Erde – das gemeinsame Haus, das uns umgibt und uns in
der konstanten und mysteriösen Verbindung zwischen
dem, was vergeht, und dem, was entsteht, zwischen diffusen
Schatten und Leben in Vorbereitung nährt –, sie ist vor allem
Atemzug der Liebe, der uns erlaubt, im jeweils anderen zu
leben, sie ist die Magie der poetischen Stimme, in der das
Echo mitschwingt, ein Echo, das uns daran erinnert, dass jede
Sache in einen fortwährenden Fluss eingefügt ist, aus dem
die reine Liebe entsteht und lebt.

Die Worte des englischen Schriftstellers Dylan Thomas:
„Die Welt ist nie mehr, was sie war, wenn man ein gutes Gedicht dem

Leben zugefügt hat" verweisen mich auf die direkte Stimme von Arturo Schwarz, die mir erzählt, wie schon von klein auf die große Liebe für die Dichtung von Andrè Breton entstand, dessen Freund und Bruder im Geiste er später gewesen ist:

„... *mit Breton begann die Geschichte im Jahre 1942, ich war damals achtzehn Jahre alt, ich war in Ägypten und er in New York. Ich hatte sein Buch 'Le* Manifeste' *gefunden und dann die 1933 veröffentlichte Sammlung von Gedichten 'Le* Revolver à cheveaux blancs', *die mich beeindruckt, ich würde sagen niedergeschmettert haben, weil auch ich Gedichte mit derselben Technik, der automatischen Schrift verfasste. Mit meinem ersten Brief schickte ich ihm einige meiner Gedichte. Damals brauchten Briefe gut drei Monate, um am Bestimmungsort einzutreffen und es brauchte dieselbe Zeit, um eine Antwort zu erhalten ... Breton war ein wunderbarer, extrem offener Mensch. Wenn ich gewisse Leute behaupten höre, Breton setzte seine Autorität durch, lügen sie niederträchtig ... ich habe an vielen Treffen der surrealistischen Gruppe mit Jugendlichen ringsherum teilgenommen, die ihn außerordentlich schätzten, und man diskutierte mit einer absoluten Gleichberechtigung der Meinungen. Und wenn es abzustimmen galt, zählte jede Stimme gleich. Ich habe Breton nie eine seiner Entscheidungen oder Meinungen aufdrängen sehen, nie. Er war der offenste, aufrichtigste Mensch, von absoluter intellektueller Redlichkeit: eine wunderbare Persönlichkeit, die ich schon seit meiner frühen Jugend geliebt und verehrt habe".*

Diese Worte von Schwarz bedürfen keines weiteren Kommentars. Während ich zum Dichter Breton keinerlei kritisches Urteil abgeben kann, weil dies nicht meine Aufgabe ist – er gehört eindeutig zu den größten internationalen Dichtern und Essayisten des 20. Jahrhunderts –, kann ich zum Dichter Schwarz sagen, dass er meine erlebten Erfahrungen mit anderen Persönlichkeiten der globalen Kultur bereichert hat, denen ich zu begegnen das Glück hatte: auserwählte Menschen, Propheten, die das Leben entgiften, die Flamme

der Liebe entzünden, den Zauber der Freiheit leben und
'*Träume für aufgeweckte Menschen*' (Platon) erschaffen.
'*La poesia prima di tutto* [dt. *Die Dichtung zuerst*]' ist nicht
nur der Titel eines Gedichts von Arturo Schwarz, es ist
die äußerste Zusammenfassung dessen, was völlig und
selbstverständlich seinem Surrealistsein angehört, da der
Surrealismus im Wesentlichen eine dichterische Bewegung
ist. Wenn wir über die semantische Bedeutung des Wortes
'Poesie' – aus dem Griechischen *poiesis*, Erschaffung –
nachdenken, ist das gesamte Leben von Schwarz ein ewiges
Gedicht, in der die Worte über jene Transzendenz verfügen,
die die Fähigkeit besitzt, Liebe zu spenden. Worte in Versen,
die das Unsichtbare umgeben, formen und den Traum des
Dichters erschaffen.

Eine interessante zu untersuchende und zu vergleichende
Lyriktriade ist die Dichtung von Arturo Schwarz auf der einen
Seite und auf der anderen das dichterische Werk zweier
großer Dichter: der Franzose Arthur Rimbaud und der
Türke Nazim Hikmet. Von Rimbaud kann man sagen, dass
er zwar kein neues Verständnis von Poesie erfunden hat, wohl
aber ein solches vom Dichter. Es ist das erste Beispiel für die
Vermassung von Lyrik, ein Modell dichterischer Avantgarde,
das einen einer Apotheose gleichen, durchschlagenden Erfolg
gehabt hat. Die Dichtung von Arturo Schwarz ist dagegen
Liebe in ihrer Gesamtheit, die das gesamte Leben und den
Kosmos einschließt, sie ist Trost und Erregung, Wiedergeburt
und Tugend, überwindet jede Subjektivität, um den Blick
weit nach vorn, jenseits des Horizonts zu richten. Beide
Dichter sind miteinander mehr durch den Freiheitssinn als
durch den Begriff 'Anarchie' verbunden, der bei Schwarz
einen völlig anderen Sinn besitzt als beim französischen
Dichter, da er poetische Anarchie meint. Während die
Dichtung Rimbauds das klassische Modell umkehrt, indem

sie von der Stimme über die Schrift bis zum Leben selbst übergeht, um sich in einer Unmenge nicht übertragbarer Sinneseindrücke aufzulösen, ist Schwarz' Dichtung Liebe der und für die Welt. Wir könnten auch sagen, dass das, was die Poetik Arthur Rimbauds in der literarischen Gesellschaft herbeigefürt hat, dem entspricht, was Marcel Duchamp in der Kunst und der heutigen Gesellschaft erzeugt hat. Dies gilt auch für Joseph Beuys, dem großen deutschen Künstler, der in der gleichen historischen Phase die konkrete Utopie einer transzendentalen Wiedergeburt des Menschen und der Gesellschaft predigte.

'*Der Mensch zuerst*' ist der Titel eines Gedichts des großen türkischen Dichters Nazim Hikmet, ein Revolutionär der modernen Lyrik durch die Verwendung freier Verse. Im Jahre 1901 in Thessaloniki geboren, Nazigegner und Antifaschist, wurde Hikmet 1938 zu 28 Jahren Haft verurteilt und 1949 durch die Aktion eines Komitees befreit, dem Tristan Tzara, Pablo Picasso, Pablo Neruda und Jean Paul Sartre angehörten.

Das Gedicht '*Der Mensch zuerst*' ist an den Sohn gerichtet, es ist eine Art Testament, eine Ermahnung an die Werte, Gefühle, die Hoffnung für die Menschheit und Respekt für die Natur verleihen können. In den Gefängnisjahren schrieb er '*Liebesgedichte*', die von seinem starken sozialen und politischen Engagement handeln. Es ist offenkundig, dass das Leiden und einige traurige Lebensumstände Arturo Schwarz und Nazim Hikmet verbinden. Obwohl Hikmet einerseits im Gefängnis in einem Zustand psychischen Leidens politische Gedichte schreibt, die anprangern, verfasst er andererseits auch '*Der Mensch zuerst*', in dem Verse aus der väterlichen Liebe, der Hoffnung für eine bessere Welt entstehen. In diesem Fall ist die Dichtung von Hikmet, wie diejenige von Schwarz, ein Loblied auf die totale Liebe, wo Kunst und Leben verschmelzen und uns zum Nachdenken über die jetzige Zeit bewegen.

Unterhaltung mit uns selbst

Unsere Haltung gegenüber der Kunst und der Art, wie wir sie verwenden, sind an uns weitergegeben worden. In der heutigen Zeit hat es eine Bereicherung unserer Erfahrung gegeben, aber nicht zu Lasten des Alten, weil das Neue nie dessen Platz einnimmt. Arturo Schwarz wurde am 3. Februar 1924 geboren, hat folglich den historischen und kulturellen Wandel des vergangenen Jahrhunderts erlebt und dadurch jene Kunst entdeckt, die nicht als solche betracht wurde, sondern in Wirklichkeit die Distanz zum Leben verringert hat. Während man zuvor dachte, dass die Kunst zufriedenstellender als das Leben organisiert gewesen wäre und daher einen möglichen Fluchtweg bilden würde, sind die Veränderungen, die in diesem Jahrhundert stattgefunden haben, so groß, dass die Kunst nicht mehr eine Flucht vor dem Leben ist, sondern eher eine Einführung in selbiges.

Ich denke, die Zeit ist gekommen, dass das Leben in allen seinen Komponenten, von Politik bis Wirtschaft, von Bildung bis Religion, dazu beiträgt, die Umwelt und jede andere Sache in Kunst zu verwandeln und sie in etwas verwandelt, das unser Dasein erleichtert, anstatt uns alle nach dem Haben lechzen zu lassen, eine Gier, die zu Gewalt, Konfliktsituationen, Gefährdungen führt und uns tief unglücklich macht.

Die Umwelt, in der wir leben, ist nicht überfüllt, sie ist hektisch: Verkehr, Werbung, Mobiltelefone, immer und überall Wettläufe gegen die Zeit. Wir müssten dagegen im Schneckentempo vorangehen, uns den Dichtern überlassen, die uns für ein wirkliches Verständnis der Welt an der Hand führen, weil sie die Schönheiten des Universums nicht erfinden, sondern entdecken und jedes ihrer Worte das heilige Feuer der Kunst entzündet und dadurch das Leben erstrahlen lässt. Die Worte des Dichters sind Aktionen, wie Sigmund Freud bemerkt.

Die Funktion der Kunst ist es, Denkweisen zu ändern, uns bewusst werden zu lassen.

Die Funktion des Künstlers und des Dichters ist es, im Dienste einer besseren Gesellschaft zu stehen.

McLuhan bekräftigt, dass der Inhalt keinerlei Bedeutung besitzt und dass dagegen das Mittel wichtig ist. Zu diesem Bewusstsein kann man nur gelangen, indem man das Denken vom Inhalt trennt. McLuhan betrachtet die Tätigkeit eines Künstlers als etwas absolut Lohnendes, und das, was wir tun müssen, ist, uns übereinander zu lagern, um uns der Welt bewusster zu werden.

Wenn wir unsere persönlichen Angelegenheiten in Augenschein nehmen, stellen wir fest, wie wenig jede beliebige Regierung mit unserem Leben zu tun hat. Hierbei handelt es sich einmal mehr um das, was der US-amerikanische Philosoph David Henry Thoreau in seinem Buch 'Über die Pflicht zum Ungehorsam gegen den Staat' behauptet, in dem er vertritt, dass es zulässig ist, Gesetze nicht zu beachten, wenn sie gegen das Gewissen und die Menschenrechte verstoßen.

In diesem Zusammenhang können wir durch Reflektieren über die menschliche Psychologie von Arturo Schwarz viel lernen, um uns in Richtung auf eine bewusstere Gesellschaft zu orientieren, da wir vor äußerst schwerwiegenden Problemen stehen, an denen wir alle beteiligt sind. Denn Arbeitslosigkeit, Bürokratie, Armut, Umweltkatastrophen, Machtmissbrauch, mangelhafte oder fehlende öffentliche Dienste, Gewalt an Frauen, organisierte Kriminalität, Medien, die ein geheimes Einverständnis mit der Politik eingegangen sind, Korruption und Betrug sind die Konstanten unserer Zeit. Vor allem das 'Stehlen' ist nicht nur auf Geld zu beziehen, sondern auf Gefühle, Freundschaften, Liebe und auch Zeit auszudehnen. Leider mangelt es unserer *Leadership*, von der Regierung bis zu den Institutionen, an einem Bewusstsein für die Gegenwart und auch an der Erinnerung der Ereignisse, die uns tief betroffen und gezeichnet haben.

Das, was uns der Dichter, der Mensch Schwarz lehrt, ist, dass sich an Ereignisse erinnern uns selbst zu erinnern bedeutet. Daher leben seine Verse immer wieder auf, wenn wir sie noch einmal lesen, weil sie Poesie des Lebens sind und uns begreifen lassen, dass sich unsere Welt in einer anderen größeren Welt befindet. Es gibt 'Dinge', die unser Verstand außerstande ist, auf richtige Weise zu denken, aber uns kommen die Beispiele, die Botschaften, die Literatur, die Dichtung und das in Weisheit gelebte Leben der bedeutenden Menschen zu Hilfe, die ihre gesamte Existenz der Veränderung des Systems gewidmet haben. Das, was wir machen können, können wir nur in diesem Leben bewerkstelligen, und wenn wir es nicht tun, wird das nächste Leben dasselbe sein, vielleicht mit geringfügigen Veränderungen, aber nicht mit einem tiefgreifenden positiven Wandel. Alles das, was wir tun können, ist, Zeit auf eine andere Weise zu verbringen oder sie unnütz zu verschwenden.

Wenn die Seele unruhiger ist, erzeugt sie ungewohnte Bilder und Wünsche, lebensnahe Erinnerungen und mystische und leidenschaftliche Utopien, daraus entsteht die unkonventionelle Sprache des Dichters, aber dies geschieht auch, wenn er in das Leben verliebt ist. Dies ist das natürliche Prinzip der Poesie, das es geben wird, solange das Absolute existiert, weil alle Menschen, die auf dieser Erde träumen, wünschen, lieben, utopische Dichter sind, und die Utopie das Projekt der menschlichen Existenz ist.

In dieser kranken Gesellschaft hat sich leider eine Schar von Menschen gebildet, die den Genozid der Hoffnungen, Wünsche, Träume, Utopien versuchen, doch können wir uns den Widersprüchen ihrer Auffassungen mit der Faszination des Unmöglichen, der von den Gelehrten weitergegebenen fruchtbaren Weisheit und den stummen Worten des Dichters entgegenstellen. Und die Poesie von Arturo Schwarz, in der die Vision des Lebens aufgeht, ist die magische Schrift, die die Gefühle erregt: es ist die Poesie der Liebe.

Der Spiegel der Seele

In der Welt der Kultur existieren einige Figuren, deren Verhalten die Unterteilung der Zeit in Gegenwart, Vergangenheit und Zukunft überwindet. Sie gehören einer spirituellen Welt mit unveränderlicher und erhellender Anschauung an, die nicht die 'Ruhe' mit allem darin Enthaltenen erwägt, sondern unablässig lebt, erzeugt, sich vermehrt, sich bewegt. Es sind Menschen, die zur Schaffung fruchtbringender innerer Güter geeignet sind, welche jene Seelenverbindungen ansprechen, die Aristoteles die *'Form des Körpers'* nennt: die Sicht ihres Erscheinungsbildes wird zu einem im Laufe der Zeit durch eine Philosophie des Lebens, der Präsenz ohne Präsenz hergestellten inneren Dialog.

Heutzutage ist das Hauptinteresse an antiker Kultur gerade der 'Distanz' gewidmet, ein Augenblick beim Sichabwechseln der kulturellen Realitäten, der uns helfen kann, unsere Kultur zu verstehen. Dies ist genau die Lehre – die *'Presenza a distanza* [dt. *Fernpräsenz*]' –, die uns Arturo Schwarz nicht nur mit seinem Erlebten, sondern auch mit seinen wertvollen Schriften über prähistorische und Stammeskunst, über Kunst und Philosophie in Asien anbietet, Schriften, die die Leerstellen unseres Daseins füllen.

Unter den Persönlichkeiten des 20. und 21. Jahrhunderts ist Arturo Schwarz das Symbol des unbeirrbaren, in

unserer Gesellschaft des schnellen Konsums inzwischen
ausgestorbenen Intellektuellen. Man könnte sagen, dass
das Erscheinungsbild von Schwarz eine homöostatische
Konstante ist, das heißt eine natürliche Veranlagung zur
Konservierung eines Gleichgewichtszustands im Hinblick
auf das Sichändern der körperlichen und geistigen
Verfassung oder wie eine Gesamtheit regulierender
Prozesse, die bestimmte Varianten unveränderbar
beibehalten und den Organismus Mensch in Richtung eines
stetigen Entwicklungsprozesses lenken. Aber in Schwarz
steckt etwas noch Stärkeres, es ist ein unbestimmtes 'Etwas',
eine Fähigkeit zur Selbstbestimmung, die uns zu verstehen
gibt, dass nichts je 'vergangen' ist. Die Bilder, die ausgelöst
werden durch seine ruhig klingende Stimme, sein strenges
Erzählen des eigenen Erlebten, sind wie eingetaucht in
eine magische Strömung, die ihn umfließt. Sie wird durch
den Sinn für Beziehungen, nahe wie ferne, das Echo seiner
Herkunft, das Gefühl für seine heiligen Vorstellungen, die
Bedeutung und den Wert seiner Persönlichkeit begleitet.
Seine ist eine 'geistige Gesundheit', die einzig auserwählte
Menschen in Bezug auf ihre eigenen Ziele und ihre eigenen
geistigen Tätigkeiten besitzen. *„Der Geist kann aus der Hölle
einen Himmel machen und aus dem Himmel eine Hölle"*, so der
englische Dichter John Milton.

An dieser Stelle möchte ich bei der physiognomischen
Auffassung von Arturo Schwarz verweilen, da ich denke, dass
er ein profunder Kenner der Sprache dieser faszinierenden
Materie ist, die er ohne Mystifizierung der Realität sinnvoll
hat einsetzen können.

Es gibt viele Persönlichkeiten – von Dante Alighieri (*Io vo'
credere ai sembianti/Che soglion essere testimoni del cuore* [dt. *Ich will
der äußeren Erscheinung glauben/Die ein Zeuge des Herzens zu sein
pflegt]*) zu Sigmund Freud, von Antonin Artaud zu William

Shakespeare, von Marcel Proust zu Ludwig Wittgenstein, von J. Wolfgang Goethe (*Denn was innen, das ist außen*) zum zeitgenössischen US-amerikanischen Psychologen David Krech –, die im Nativismus der Ausdrücke des Körpers, genauer des Gesichts, übereinstimmen, welche mit dem Inneren des Menschen eng zusammenhängen.

Für M. Kinget „*stellt die Physiognomie eine unmittelbare und auf gewisse Weise ursprüngliche Form des Verständnisses dar. Sie besteht darin, etwas von der Erfahrung anderer zu erfassen und dabei von einer Gesamtheit physischer Zeichen wie den Ausdruck des Gesichts, der Stimme, der Gesten, der Körperhaltungen auszugehen. Diese Erscheinungsformen offenbaren oft besser als Worte, und bisweilen im Gegensatz oder Widerspruch zu den Worten stehend, einige innere, vor allem affektive Zustände. So umfassend oder unartikuliert sie auch sein mag, stellt die Physiognomie ein starkes Kommunikationsmittel im Dienste menschlicher Beziehungen dar*".

Da unsere Gegenwart durch die Abwesenheit einer Regel und die Anwesenheit vieler Übergangsregelungen gekennzeichnet ist, sind der Konsum als Selbstzweck, die gleiche Fremdsteuerung des Verhaltens, die Übermacht der auf das Sehen-Fernsehen orientierten Zeit, die Entwicklung der Mode, die Vulgarisierung der Gefühle, die Schrumpfung des Moralgefühls, schließlich die oberflächliche Standardisierung der Bilder die Realität der gegenwärtigen Zeit und der laufenden Globalisierung.

Das, was nicht einmal ein Künstler, ein Intellektueller bewerkstelligen kann, ist, das Gedächtnis auf Null zu stellen, da in diesem die Fähigkeit enthalten ist, Informationen zu speichern und Zugang zu diesen zu haben. Ohne Gedächtnis wären wir unfähig, zu hören, zu sehen, zu denken und vor allem zu lieben. Wir würden keine Sprache haben, um uns auszudrücken, und auch nicht das Bewusstsein unserer Identität.

„Vom Gedächtnis gelangen wir zu einer Art Vision, die nichts anderes ist, als eine Art und Weise, Informationen zu erhalten, und erblicken die Existenz jener höheren Formen des Denkens, Wollens und Hörens ..." (Joseph Beuys).

Da sich die Physiognomik psychologischer Mechanismen zwischen Äußerlichkeit und Innerlichkeit der Person, dem Sichtbaren und dem Unsichtbaren bedient, betrachte ich sie als eine Kunst, und sie hat sich, wie die Etymologie des Wortes *'phýsis gnomē'* empfiehlt, auch wenn sie von natürlichen Zeichen spricht, immer auch mit Intuitionen befasst hat. Und meine Lektüre rund um das Erscheinungsbild von Arturo Schwarz kann zusammengefasst werden in einer intuitiven virtuellen Formel, eingehüllt durch das Gefühl der kosmischen Liebe, eine bedingungslose Liebe, die eine gesamte Existenz umfasst. Tatsächlich ist das, was mich hauptsächlich interessiert, eine Reflexion zu den Implikationen zwischen der äußeren Erscheinung und der Prädisposition für das verschiedene ungewöhnliche Verhalten im Leben von Arturo Schwarz zu versuchen.

Nachgewiesen ist die Existenz eines Körpercodes, der in gewisser Weise Handlungen und Haltungen, Verhaltensweisen und Äußerungen beeinflusst, welche soziale, humanitäre, künstlerische und kulturelle Aspekte der auf der Erde lebenden Menschen berühren, und dass die Physiognomik die Kunst ist, die es erlaubt, den Menschen über seine Physiognomie kennen zu lernen, von außen seine Seele und Gedanken abzuleiten.

Aus der Beobachtung der Gesichtszüge, aber auch aus jedem einzelnen Teil des Organismus, wie auch der Art, sich zu kleiden, zu gehen, sich zu geben, des Tons der Stimme, der Bewegung der Lippen und den Gesten können Neigungen, Geschmäcke und Haltungen, Intelligenz und Kultur, auch die moralische Natur als Spiegel der Seele festgestellt werden.

Aristoteles geht so weit, zu behaupten, dass die menschliche Physiognomie Analogien zu der von Tieren offenbart, und der Philosoph Giambattista della Porta schrieb gegen Ende des 16. Jahrhunderts '*De humana physiognomonia*', eine sowohl an geistvollen Wahrheiten wie großartigen Annahmen reiche Abhandlung.

Dem Reisepass von Schwarz entnehmen wir folgende Angaben:
Name: ARTURO UMBERTO SAMUELE SCHWARZ
Geboren: 3. FEBRUAR 1924
Ort: ALEXANDRIA (ÄGYPTEN)
Staatsbürgerschaft: ITALIENISCH
Körpergröße: 175 cm
Gesichtsform: OVAL
Augenfarbe: HASELNUSSBRAUN
Wohnort: MAILAND
Datum der Ausstellung: 3. MÄRZ 2010 (nach unzähligen Verlängerungen)
Datum des Ablaufs: 2. MÄRZ 2020

Personenangaben erlauben die Suche nach verborgenen und tiefen Sinngehalten. Für die intuitive Intelligenz – die die griechische Kultur '*mentis*' nennt – reicht ein somatisches Detail, um ein Bild mit einem Körper und einer Seele herzustellen. Dies ist die physiognomische Veranlagung, die idealerweise den griechischen Arzt Hippokrates mit Sherlock Holmes verbindet. Und in der Tat kann man mittels Studium verfügbarer Zeichen durch Verknüpfung phänomenaler Daten von Erfahrungen und persönlicher Empfindungen dazu gelangen, Nachforschungen zu Personen anzustellen, deren Erscheinungsbild im Laufe der Zeit die Allmacht des '*Logos*' erwirbt.

Es gibt wenige Menschen, die über die Fähigkeit zur Intuition, das heißt die angeborene, oft durch Leiden begleitete Fähigkeit verfügen, den Gang des Lebens und der Kultur vorherzusehen. Und gerade durch die Analyse des gesamten Lebens von Arturo Schwarz können wir sagen, dass er ein Vorreiter jener historisch-künstlerischen Prozesse gewesen ist, die die Kunst verändert haben, indem er aus der Kunst die Poesie des Lebens gemacht hat.

Die Stimme

'Vokalklänge' erzeugen, um Ideen auszudrücken und sie unseren Mitmenschen mitzuteilen, ist das vortreffliche Merkmal unseres Organismus, es ist das, was uns von allen Lebewesen unterscheidet.

Während jedes, mit Kehlkopf ausgestattete Tier Laute von sich geben, sie hören, für das eigene Wohlbefinden notwendige Handlungen vollziehen kann, besitzt nur der Mensch das Privileg, durch das Wort mitzuteilen und dadurch mit seinen Mitmenschen höhere Beziehungen aufzunehmen. Das 'Wort', das Sprache wird, verwandelt das Menschengeschlecht in *'agalmata phonéenta'* (*'sprechende Statuen'*), eine faszinierende Metapher der griechischen Philosophen.

Diese verführerische Definition bringt mich zurück zu den Begegnungen mit Arturo Schwarz – Maestro di Vita –, zu seinen Worten als reiner Ausdruck höherer Intelligenz und Weisheit, aber auch Bescheidenheit, einem Glauben, der Ganzheit seines *Seins* ist, eines wohltätigen Wollens, einer bedingungslosen Liebe für die Menschheit. Auch die Tonalität der Stimme beleuchtet sein Gesicht, und seine Worte sind für mich Samen, die imstande sind, neue Gedanken entstehen zu lassen, Reflexionen über mich selbst und die Welt anzuregen: eine neue und andere spirituelle Nahrung.

Die Persönlichkeit

Die Persönlichkeit, die Immanuel Kant mit der Freiheit und der Unabhängigkeit in Kontraposition zum Mechanismus der ganzen Natur identifiziert, erhebt den Menschen über sich selbst und gleichzeitig über die ganze sinnlich wahrnehmbare Welt. Für Kant sind Menschen als vernünftige Wesen 'Selbstzwecke' und nicht 'Mittel', da er in uns nicht nur die tierische und menschliche Natur, sondern auch die "Persönlichkeit" als lebendige und vernüntige Wesen erkennt. Auch die deutschen Philosophen F. W. Schelling und I. H. Fichte haben versucht, aus metaphysischer Sicht die ethische Konzeption von 'Persönlichkeit' zu vertiefen, ohne jedoch über die kantianische Auffassung hinauszugehen. Es hat sich daher immer mehr der Ansatz durchgesetzt, dass das höhere Individuum gleichermaßen mit praktischer Vernunft ausgestattet werden muss, dessen Wesen nicht einzig durch das Selbstbewusstsein gegeben ist, sondern auch durch das Vermögen, sich als mit Persönlichkeit ausgestattetes Geschöpf zu bestimmen.

Diese Überlegungen über die Bedeutung von Persönlichkeit bringen mich zu jener von Arturo Schwarz zurück, die sowohl privat als auch in der Öffentlichkeit dieselbe bleibt. In seinem gewöhnlichen Verhalten sowohl hinsichtlich des körperlichen als auch geistigen Auftretens integriert und vereint Schwarz das, was '*Suo* [dt. *Seines*]' genannt werden kann. In diesem '*Seines*' eingeschlossen sind die Kleidung, das Haus, die Ehefrau Linda, die Vorfahren, das Ansehen, die literarischen und dichterischen Werke, die Herkunft, die Kultur, die ruhigen Gesten einer Erziehung aus früheren Zeiten. Seine Persönlichkeit als 'Summa' von Verhalten kann in vier Schemata zusammengefasst werden: das Kognitive, das in der Mitte die Intelligenz und die Weisheit besitzt, das Kreative mit den wertvollen Schriften

und den verschiedenen kulturellen Aktivitäten, das Affektive
als Enthüller eines Temperaments, oder besser gesagt eines
heroischen Charakters, und schließlich das von der Zeit nicht
berührte Somatische, dessen Faszination, die die Gesten,
die Stimme, der Blick ausstrahlt – fast eine übertragene
Darstellung seiner Schriften und Handlungen, die das
Bewusstsein streifen –, man sich nur bewusst wird, wenn man
ihm nahe ist.

Die Persönlichkeit von Arturo Schwarz ist die Synthese
seiner Freiheit und seincs Mutes: dei Spiegel seiner Seele,
eine Seele, die verliebt ist in jene Gefühlsregungen, welche
das Universum und den Menschen mit guten Eigenschaften
beleuchten.

Das Verhalten

Wenn ein Mensch einer vorhergehenden Kultur, ein
alter Römer oder Grieche, plötzlich auftauchte, würde
er die Menschen unserer Zeit möglicherweise als Magier
oder Halbgötter betrachten. Aber wenn es ein Platon, ein
Aristoteles oder ein Mark Aurel wäre, würde er es vermeiden,
sich von den vom technologischen Fortschritt erzeugten,
erstaunlichen Wunderdingen blenden zu lassen und durch
das Untersuchen der gegenwärtigen menschlichen Situation
bemerken, dass der Supermensch, der imstande ist, auf dem
Mond zu landen, in die Tiefen des Meeres hinabzusteigen,
die großen natürlichen Energiequellen zu nutzen, die Luft
zu seinem eigenen Vergnügen mit Klängen und Bildern zu
überfluten, dagegen unfähig ist, sich des eigenen *Ichs* bewusst
zu werden, die eigenen Emotionen, Triebe und Wünsche zu
kontrollieren und zu handhaben.

Das Tempo der Gesellschaft von heute wird immer
schneller, und für das Verständnis dessen, wie das
komplizierte wirtschaftliche und gesellschaftliche Getriebe

sie eingesperrt hat, würde es ausreichen, den Tagesablauf eines Geschäftsmannes, des Politikers, der Hausfrau und der Frau, die arbeiten geht, genau anzuschauen. Häufig ist deren Verhalten im Alltag vulgär geworden, gewalttätig, konfliktgeladen, atemlos, traurig, müde. Die Auseinandersetzung zwischen äußeren Mächten und inneren Kräften des Menschen gehört zu den wichtigsten und grundlegenden Ursachen der Missstände, die die Zukunft zutiefst bedrohen. Das Leben ist reicher, stimulierender, bequemer geworden, gleichzeitig aber komplizierter und stressiger. Der Mensch bezahlt einen hohen Preis für die materiellen Errungenschaften, oft besitzt er nicht die Mittel, um gegen die Nöte und Schwierigkeiten anzukämpfen, die zu Niedergeschlagenheit und Frustrationen führen. Und der Ausweg kann nur in zwei Richtungen gesucht werden: das tägliche Leben vereinfachen, die inneren Kräfte verstärken.

Noch bevor sich die moderne Technik entwickelte, hatten einige Intellektuelle die Künstlichkeit der Zivilisation vorausgesehen, daher wirkten sie darauf hin, mit ihren Schriften und dem eigenen Verhalten auf die Möglichkeit eines einfacheren Lebens hinzuweisen. Unter den Hauptvertretern dieser Strömung haben wir den Schweizer Philosophen Jean-Jacques Rousseau mit seiner '*Rückkehr zur Natur*' und den US-amerikanischen Schriftsteller und Dichter Henry David Thoreau, der, auf die Vorteile der Zivilisation verzichtend, sich in jenes, von ihm in '*Walden*' beschriebene, einfache und einsame Leben zurückzog. Selbstverständlich steckt das Böse nicht in der Technologie, sondern in dem Gebrauch, die der Mensch von ihr macht, sobald er ihr erlaubt, ihn zu überwältigen, ihn noch mehr zu versklaven, als es das Geld tut. Um den vorherrschenden negativen Tendenzen des modernen Lebens zu widerstehen, ist Entschlossenheit, Weisheit und viel Mut erforderlich;

genau jene inneren Eigenschaften, die Schwarz zu besitzen bewiesen hat und an denen es dem heutigen Menschen fehlt.

Um die Gefahren zu bannen, die aus dem Verlust der Kontrolle über die als Quellen zu unserer Verfügung stehenden natürlichen Kräfte entstehen, ist es notwendig, uns bewusst zu werden, dass der Wille in uns ist, und noch mehr ist das Bewusstsein des *Ichs* erforderlich, das zum Kampf und zur Überwindung jeden Hindernisses führt. Leider hat diese innere Kraft nicht die Oppressionen erspart, deren Opfer der junge Schwarz gewesen ist und die er durch die vielen Wechselfälle, die Lektüren und die Studien zu sublimieren gelernt hat, indem er sich die Lehre des Philosophen Baruch Spinoza zu eigen machte, demzufolge das weiseste Verhalten in Bezug auf menschliche Dinge es sei, *„nicht zu lachen, nicht zu weinen, sich nicht zu empören, sondern zu verstehen"*.

Es ist dieses Verhalten von Arturo Schwarz, das aus der Außenwelt seine eigene Heimstatt gemacht hat und uns zu verstehen gibt, wie der Sinn von Identität und Ehre, Mut, Freiheit und Liebe ein Geisteszustand, die harmonische Bedingung von Werten ist, die der Spiegel seiner Seele sind.

Einen Lebenstraum verfolgend

Unser Leben ist ein Muskel, der Kraft
genug hat, die ganze historische Zeit
zu kontrahieren.   Walter Benjamin

Nur der Mensch, der denkt und der Zukunft durch
Antizipation dessen, was kommen wird, entgegengeht, weiß
auch auf die unterschiedlichen Situationen zu reagieren, die
unser Leben zutiefst beeinflussen. Ich habe immer gedacht,
und bin mir aufgrund der vielen persönlichen Erfahrungen
sicher, dass auch das Leiden und der Schmerz ein Bedürfnis,
ich würde sogar sagen eine Notwendigkeit des Menschen
sind, fast ein Privileg, ein Zeichen von Adel, ein natürliches
Gut wie die Luft, imstande, die Kraft zu messen und die
unendliche Gerade der Erkenntnis zu ermitteln, den Weg
zur Wahrheit aufzuzeigen. Es sind die richtigen Worte, die
heroischen Taten, die Mühe, die Banalitäten des Lebens zu
meistern, das Verlangen nach Wissen und die Zuwendung für
den Nächsten, die zur Entwicklung der Persönlichkeit führen.
Wir müssen jedoch auch zugeben, dass große Schmerzen
den Menschen großmütig und einfühlsam oder rachsüchtig
und boshaft machen können: das Leiden als Siegel, das den

echten Menschen bedingt, denjenigen, der ein Projekt hat, der sich mutig und bestimmt auf den Weg zu machen weiß, um das richtige Ziel zu erreichen. Auf diesem Weg wird der Schmerz unser Reisebegleiter sein, in dem Wissen, dass wir nie das gesteckte Ziel erreichen werden, sondern dass es immer jemanden gibt, der den 'Weg' fortsetzt, den wir vorzuzeichnen gewusst haben. Es gibt viele Gelehrte und Religionen, die das Thema des Schmerzes behandelt haben, aber nur die individuelle Weisheit des Menschen kann Antworten als Liebesbotschaft für die Menschheit geben.

Diese seltene 'Weisheit' finden wir im Leben von Arturo Schwarz wieder, und sie gibt uns zu verstehen, wie die Leiden eine heilsame Wirkung auf sein ganzes Leben gehabt haben. Es sei daran erinnert, dass Arturo Schwarz für seine zionistische Tätigkeit 18 Monate inhaftiert, misshandelt und beschimpft worden ist. Danach war er über neun Monate lang im Internierungslager Abukir. In den schrecklichsten Momenten, als es schien, dass sein Leben einstürzen würde, gab er die Hoffnung nie auf, starb in seinem Herzen nie der Traum von einem freien Dasein. Und auch als sein Optimismus in Gefahr war, verzweifelte er nie, wandte sich dem Guten und nie dem Hass zu. Seine war eine philosophische Einstellung des 'Sinns des Lebens', eine Art mentaler Energie, geschöpft aus den Schriften bedeutender Menschen, die ihm trotz allem eine große Stütze und ein großer Trost waren.

Als er im Jahre 1949, körperlich bereits stark angegriffen, aus Ägypten ausgewiesen wurde, war Mailand sein Bestimmungsort, mit dem Ziel, seinen Traum zu verwirklichen: die Freiheit des Lebens.

Während er leise zu mir spricht, schaut Schwarz in die Ferne… es scheint, als hätte er sich in jene Zeit zurückversetzt. Die vom Verstand gestützten Erinnerungen tauchen scharf umrissen wieder auf und heben fast die Vergangenheit auf. Ich bin wie in der Lektüre eines herausragenden Romans versunken, zwischen Wörtern und Bildern, die den Wirklichkeitssinn übersteigen. Im Garten sitzend, wo, wie im Inneren des Hauses, die Zeichen der Kunst Zeugnisse einer stets präsenten Vergangenheit sind, kommt Linda zu uns, um Tee zu servieren. Eine kurze Pause für das Vergnügen eines Rituals, das nur durch Arturos Worte an einem von Stille beherrschten Ort unterbrochen wird. Jene Stille, die der griechische Philosoph Apollonius von Tyana *Logos* nennt. Eine Stille, die außerhalb jener Umgebung der Belebung des Geistes, welche tief empfundene Werte und Gefühle erzeugt, aufgrund der zu vielen Geräusche, des überflüssigen Lärms, einer ununterbrochenen sinnlosen Betäubung nicht existiert.

Während ich Schwarz zuhöre, sehe ich die Wipfel der Bäume sich verneigen... und einen Sonnenstrahl über sein hageres Gesicht gehen. Dies erlaubt mir, mich dem Imaginären, dem nostalgischen Genuss an der großartigen Zeit der Transparenz der Gefühle zu nähern, die der heutige Mensch verloren hat.

"Als ich in Mailand ankam, war eines der ersten Dinge, dich ich tat, zu einem Friseur zu gehen... der wahre Grund war, die Stellenangebote und Arbeitsgesuche im 'Corriere della Sera' zu lesen. Unter den Stellenangeboten ein jüdischer Name: 'Marcus', der einer bekannten Import-Export-Firma, die einen Geschäftspartner suchte, der fehlerfrei Englisch und Französisch schreiben und sprechen konnte. Ich dachte sofort daran, auf die Anzeige zu antworten, da ich beide Sprachen sehr gut beherrschte; in der Tat, während mir zum Zweck einer Arbeit mein Philosophie- und Naturwissenschaftsstudium absolut nichts nützte, beherrschte ich diese beiden Sprachen, da ich den Hochschulabschluss genau mit Abschlussarbeiten auf Englisch, die eine, und auf Französisch, die andere, erworben hatte. Ich könnte sagen, dass es meine beiden

Muttersprachen sind, weil in Ägypten Französisch und Englisch, mit Ausnahme vom von fast allen Bewohnern gesprochenen Arabisch, die beiden Amtssprachen in den ausländischen Gemeinschaften waren. Die wichtigsten und bekanntesten dieser Gemeinschaften waren die American University in Kairo und das Victoria College in Alexandria. Ich habe das Glück gehabt, zuerst an der Mission Laïque Française zu studieren, die auch die beste kulturelle Einrichtung war, und dann an der American University und am Victoria College. In meiner Familie wurde Italienisch gesprochen, aber außer Haus sprach ich mit allen vorwiegend Französisch. Zu jener Zeit war in Ägypten das Französische, mehr als das den politischen Kreisen und einer bestimmten Elite vorbehaltene Englische, die Umgangssprache. Zur Anzeige zurückkommend, habe ich mich bei der Firma Marcus vorgestellt, die ihren Sitz in Piazza Santa Maria Beltrade hatte. Ich erinnere mich noch immer an jenen Tag, als Probe ließen sie mir einen Brief voller sprachlicher Fallgruben zuerst auf Französisch und dann auf Englisch übersetzen, was ich sofort ohne einen Fehler tat. Sie stellten mich auf der Stelle ein. Ich erinnere noch immer, was ich dem Inhaber Marcus sagte: "Ich stehe ohne Geld da, kann ich einen kleinen Vorschuss auf meinen Lohn haben?". Er streckte mir einen vollen Lohn vor. Marcus war ein sehr besonderer Mensch, in seiner Firma habe ich mich wohlgefühlt, und im Laufe der ersten beiden Arbeitsjahre machte ich in der Mailänder Kulturszene viele Freundschaften. Der erste Mensch von Bildung, den ich kennenlernte, ist Elio Vittorini gewesen, der kein Dichter war, sondern ein großer Essayist und Schriftsteller. Er entwickelte Sympathie für mich und stellte mich anderen Persönlichkeiten der Mailänder Kultur vor. So entschied ich an einem bestimmten Punkt, Verleger zu werden. Zwei der Dichter, die mir am besten gefielen, waren Quasimodo und Ungaretti. Ich hatte die Unverfrorenheit, sie um unveröffentliche Schriften zu bitten, und so entstanden zwei Gedichtbände, das von Salvatore Quasimodo mit dem Titel 'Il falso e vero verde *[dt.* Das falsche und das wahre Grün*]',* *illustriert mit Originallitographien von Manzù, und das andere von Giuseppe Ungaretti mit dem Titel* 'Un grido e paesaggi *[dt.* Ein Aufschrei und Landschaften*]', illustriert mit Zeichnungen von Morandi ".*

An dieser Stelle habe ich ihn unterbrochen, um ihn nach dem Jahr der Veröffentlichung zu fragen: "*Ich erinnere mich nicht mehr so genau, vielleicht 1951 oder 1952, es sind sehr wertvolle Bücher, meine beiden ersten Veröffentlichungen, auf die ich sehr viel Wert lege, ich gehe sie holen...*".

Mit dem langsamen Schritt des gelebten Mannes durchquert er den Garten, um in seine 'Höhle' zu gehen. Ich bin allein in der Stille, um auf ihn mit den Büchern zu warten, und die Gedanken schweifen unbestimmt umher. Ich denke an die Bedeutung der Bildung und der Sprachkenntnisse... an meinen Mann Buby und meine Schwiegermutter Donna, die fließend mehrere Sprachen beherrschten... an meine Kindheit in der Vorschule und an das, was mein erster Unterricht im Kindergarten war. Mir kommen die Lernspiele aus der Kinderzeit wieder in den Sinn, die junge Lehrerin, die mir feingefaltete farbenfreudige Objekte aus Papier gab, ich glaube, sie nannten sich 'japanische Blumen'. Um zu sehen, was sie waren, um sie ihre vollständige Form annehmen zu lassen, musste man sie in Wasser tauchen, wo sie sich zu prachtvollen Blumen mit Blättern und Stängeln öffneten. Dies hat mich als Kind fasziniert und mir oft als Metapher gedient: das isolierte Individuum ist wie eine japanische Blume, bevor sie in Wasser (die Gesellschaft) getaucht wird, wo sie ihre wahre Natur zeigen wird.

Ich habe an den Nutzen gedacht, den eine richtige Studienmethodik bringt, die von in die Zukunft blickenden schulischen Einrichtungen in die Tat umgesetzt wird, an die Wichtigkeit des sprachlichen Erbes, das Schwarz in den Augenblicken größter Not half. An die Gründe, warum die

Lehrer heutzutage in unseren Schulen den Jugendlichen nicht lehren, wie man fähig ist, zu lernen, wie man lernt, dem lebendigen, begeisterten Wort aufmerksam zuhören zu können, das jenes Vertrauen zu schenken weiß, welches für ihre Zukunft nützlich ist. Nur durch richtiges Erlernen kann im Schüler jener Qualitätswandel entstehen, der eine im Laufe des Lebens zu verwirklichende, selbsterzieherische Wirkung erlaubt.

In diesem Sinne ist an dem Fall des Menschen Schwarz emblematisch, dass aus der Überlebensnotwendigkeit eine harmonische Beziehung mit der kulturellen Szene entstanden ist und dass das Philosophiestudium, die Dichtung, das kreativ eklektische Verhalten sein eigenes Sein vollständig durchdrungen haben.

Arturo kehrt mit seinen wertvollen Veröffentlichungen in den Garten zurück. Sie langsam durchblätternd, liest er mir einfühlend einige Verse vor. Ich höre zu und blicke im Stillen abwechselnd auf die Seiten und sein Gesicht... ich schaue und stelle mir Fragen. Der berühmte französische Fotograf Henry Cartier-Bresson erklärt, dass "*es schwierig ist, zu sehen. Wir haben die Angewohnheit, immer mehr oder weniger gut zu denken, zu reflektieren, aber es wird den Leuten nie beigebracht, zu sehen. Es erfordert Zeit, um sehen zu lernen. Der Mensch braucht ein Sehen, das befragt*". Aus den von ihm publizierten Texten habe ich gelernt, wie sehr Dichtung in das unsichtbare Universum dringt. Arturo liest mir das Impressum vor und sagt, mich anlächelnd: "*Schau, dieses Buch von Ungaretti ist von 1952, dieses von Quasimodo von 1954*". Ich fühle mich glücklich und stolz, jene beiden kostbaren Werke gesehen zu haben, an einer authentischen Emotion teilzuhaben, die mit Worten zu beschreiben unmöglich ist. Neugierig habe ich Arturo gefragt, ob er aufhörte hat, im Import-Export zu arbeiten, als er die Buchhandlung geöffnet hatte.

Und er: "*Nein, Lucrezia. Mit Marcus habe ich ungefähr drei Jahre gearbeitet, aber gleichzeitig war ich auch Verleger und veröffentlichte die Werke junger Dichter, die seinerzeit vollkommen unbekannt waren, wie Luigi Di Ruscio, Elio Pagliarani, die praktisch ich lanciert habe. Neben diesen hatte ich auch eine Sachbuchreihe eröffnet. 'Ideen und Meinungen' von Einstein und drei Werke von Trotzki gehören zu den ersten von mir veröffentlichten Erzählungen*".

Ich warf ein: "*Weißt du Arturo, ich habe dein Buch* 'André Breton, Leone Trotskij. Storia di un'amicizia tra arte e rivoluzione *[dt.* André Breton, Leo Trotzki. Geschichte einer Freundschaft zwischen Kunst und Revolution*]' sehr aufmerksam gelesen. Mir hat das Thema zur Unabhängigkeit der Kunst und der Revolution zum Zwecke ihrer endgültigen Befreiung äußerst gut gefallen. Sehr gut ist auch die von dir meisterhaft behandelte, problematische Beziehung zwischen Kultur und Politik, Intellektuellen und Macht*".

Mit einem gewissen Leiden in der Stimme sagt er mir: "*Es erfreut mich, dass du mein Buch gelesen hast, aber du musst wissen, dass ich von Trotzki ein drittes Buch veröffentlicht habe, das mir zum Verhängnis wurde. Der Titel war* 'La rivoluzione tradita [*dt.* Die verratene Revolution]', *es trug eine Banderole mit der Aufschrift* 'Stalin passerà alla storia come il boia della classe operaia [*dt.* Stalin wird als Henker der Arbeiterklasse in die Geschichte eingehen]'. *Dies war ein Satz Trotzkis in Anführungszeichen, nicht meiner. Palmiro Togliatti ließ das Buch beschlagnahmen, übte Druck auf die Messaggerie Italiane aus, die meine Verteiler waren, und ordnete an, meine Bücher nicht mehr zu vertreiben. Dies paralysierte praktisch meine verlegerische Tätigkeit. Neben der Vermarktung ließ Togliatti auch den Kredit sperren, der mir von der Banca Commerciale Italiana gewährt wurde, die damals enorme Interessen mit der Kommunistischen Partei Italiens verband, von der sie die von Russland gespendeten Milliarden Lire verwaltete. Ich hatte einen Onkel, der in der Banca Commerciale Italiana arbeitete und zu*

Beginn meiner verlegerischen Tätigkeit für mich bürgte, weshalb mir ein Kredit von drei Millionen Lire gewährt wurde, der dann, da das Geschäft gut lief, auf fünf und später auf zwanzig Millionen erhöht worden ist. Von einem Tag auf den anderen sperrte mir die Bank den Kredit ohne jegliche Begründung. Meine verlegerische Tätigkeit war praktisch beendet, weshalb ich gezwungen wurde, einer Firma von "Remainders" alle Bücher, die ich im Lager hatte, zu einem um 90 % herabgesetzten Ladenpreis unter Wert zu verkaufen. Ich bin also unter großem Schmerz gezwungen worden, mein gesamtes Lager an Büchern abzugeben, das wertvolle Veröffentlichungen von Einstein, Freud, Trotzki und auch die Gedichtbandreihen umfasste. Leider hatte ich keine andere Wahl und nur so hatte ich der Bank das Geld, wenn auch nur zum Teil, zurückgeben können, während ich ihr den Rest in Raten zurückgezahlt habe".

"Lieber Arturo, ich kenne diese Art von Geschichte gut. Manchmal ist der Verleger im Falle eines Konkurses des eigenen Verlagshauses sogar gezwungen, die Bücher nach Gewicht zu verkaufen. Im Vergleich zu deiner Position habe ich mich auf der entgegengesetzten Seite befunden: Eines Tages schickt mir Giuseppe Liverani vom Verlag Charta in Mailand eine E-Mail, in der er mir sagt, dringend Liquidität zu benötigen, und mir anbietet, ein Kontingent meines Buches 'Joseph Beuys. Il Cappello di Feltro. Una vita raccontata [dt. Joseph Beuys. Der Filzhut. Ein erzähltes Leben]' *auf Italienisch und Englisch zu einem günstigeren Preis zu erwerben. Es war die zweite Auflage, die erste hatte das Verlagshaus Carte Segrete meines Freundes Massimo Riposati besorgt, der der erste war, der an Beuys glaubte. Ich erwarb die Bücher zu 40 % des Ladenpreises, um zu verhindern, dass sie nach Gewicht verkauft und damit eingestampft werden würden".*

„Ich verstehe, was du mir sagst, liebe Lucrezia. Als ich zu veröffentlichen begann, hatte ich zwei Gedichtbandreihen, die Reihe der großen Dichter, die sich 'Campionario [dt. Kollektion]' *nannte, und eine Reihe der jungen, die ich mit* 'Dialoghi col poeta*

[*dt.* Gespräche mit dem Dichter]' *betitelte und in denen ich vorab Sammlungen von Dichtern herausgab, die in der Folgezeit alle ultraberühmt geworden sind. Zum Beispiel veröffentlichte ich den allerersten Gedichtband von Alda Merini, stell dir vor, sie war erst fünfzehn Jahre alt, und im Oktober 1952 brachte ich das Buch von Mario Luzi heraus …"*. Während er zu mir spricht, reicht er mir nicht ohne Stolz jene Bücher: *„Sieh mal, Lucrezia, dieses ist ein Buch von Alessandro Parronchi, dieses ist* La presenza di Orfeo [*dt.* Die Anwesenheit von Orpheus]' *von Merini und trägt die Widmung '*Ad Arturo Schwarz molto cordialmente e con affetto [*dt.* Für Arturo Schwarz allerherzlichst]'*, es ist auf das Jahr 1953 datiert, sie war gerade einmal 21 Jahre alt. Ich habe immer noch ein Paar Exemplare der von mir veröffentlichten Bücher.*"

Es ist allgemein bekannt, dass Machtmissbrauch von Politikern aus Arroganz entsteht, es ist eine Konstante der Geschichte. Die Erklärung der Menschen- und Bürgerrechte von 1789 spricht in Artikel 2 von politischer Vereinigung, deren Zweck folgender ist: *„Die Erhaltung der natürlichen und unantastbaren Menschenrechte. Diese sind das Recht auf Freiheit, das Recht auf Eigentum, das Recht auf Sicherheit und das Recht auf Widerstand gegen Unterdrückung".* Leider sind diese Rechte vielschichtigen und rücksichtslosen Umkehrungs- oder Überlappungsprozessen unterworfen, mit in ihren Auswirkungen subtilen und heftigen Verwicklungen. Politiker wissen ihre eigenen Handlungen abzuwägen, indem sie sich auf die instrumentelle Berechnung ihrer Interessen stützen. Die politische Praxis, vor allem die Parteienherrschaft, wird weder beeinflusst noch belebt durch ethische Werte, Kultur oder die Gleichheit der Gesellschaft, sondern ausschließlich durch die Suche nach *Macht.*

Schwarz fährt fort, mit mir zu sprechen*: „Weißt du, Lucrezia, ich bin Buchhändler geworden, weil mir dieser Beruf gefällt und ich ihn auch in Alexandria ausgeübt hatte. Ich habe in Mailand eine*

Buchhandlung eröffnet, wo ich in Via Sant'Andrea 23, der offiziellen Anschrift, auch Stiche und Litographien verkaufte, aber der Eingang war in Via della Spiga. Sie war entstanden, um die Verlagstätigkeit zu unterstützen und um Stiche, Litographien, Zeichnungen mir bekannter zeitgenössischer Künstler auszustellen. Ich dachte, dass mir diese Tätigkeit helfen würde, zu überleben, aber meine wirtschaftliche Situation wurde immer prekärer, sodass ich gezwungen war, die Buchhandlung zu schließen.

Zu jener Zeit gab es die Galleria del Naviglio, die bedeutendste in Mailand, von Carlo Cardazzo, der ein echter Pionier war. In Mailand stellte er bedeutende internationale Maler des 20. Jahrhunderts wie Mirò und viele andere aus. Ich erinnere die interessante Ausstellung von Alberto Martini im Jahre 1956 und diejenigen von vielen anderen Künstlern. Als ich meine Galerie eröffnete, kam er zu allen meinen Ausstellungen so wie ich zu allen Eröffnungen von seinen ging. Es gab keinerlei Konflikt, wir waren eng befreundet. Es ist wirklich ein großer Verlust gewesen, als er starb, weil er wirklich fähig und intelligent war. Renato, der Bruder, war sehr verschieden, aber auch er war ein guter Mensch.

Nun, Lucrezia, erzähle ich dir die Geschichte meiner Galerie.

Im Jahre 1960 bin ich sehr mutig in die Via del Gesù umgezogen, wo ich die Galleria Schwarz mit der ersten, Picasso und Sironi gewidmeten Ausstellung eröffnet habe. Von Picasso waren etwa zehn Werke ausgestellt und von Sironi ungefähr zwanzig. Die Werke hatte ich gekauft. Zu jener Zeit wurde Sironi wegen seiner faschistischen Vergangenheit von allen boykottiert. Offen gestanden, machte ich eine Ausnahme von meinen politischen Überzeugungen, da ich Sironi für einen großen Künster hielt und noch immer halte. Als Nonkonformist, als den ich mich betrachte, dachte ich mehr an die künstlerische Arbeit von Sironi als an seine politischen Überzeugungen. In einem bürgerlichen Mailand voller Tabus widmete ich meine erste Ausstellung Picasso und Sironi. In der Zeit zwischen den beiden Kriegen war Sironi bereits sehr bekannt, er wurde fast als Maler des

Regimes betrachtet, aber jeder sollte wissen, dass er in seinen Bildern nie den Faschismus verherrlicht und nie im Dienste der Politik gestanden hat. Das, was mir an ihm gefiel, war seine intellektuelle Strenge."

Ich habe eingewendet, dass sich Sironi mit Überzeugung dem Faschismus angeschlossen hatte ...

„Sicherlich hatte er sich dem Faschismus angeschlossen, auch glaube ich, dass er ein Sympathisant des Movimento Sociale war, auf jeden Fall hat er seine faschistische Gesinnung bis zuletzt konsequent beibehalten. Und doch denke ich, dass er nicht verstanden hatte, was der Faschismus in Wirklichkeit war, er hielt ihn für eine politische Bewegung im Dienste des Volkes. Im Übrigen war dies während der Jahre des Faschismus die allgemeine Auffassung, und außer den linken Minderheiten hatte niemand die wahre Natur des Faschismus begriffen."

„Vielleicht weil Mussolini seinen politischen Aufstieg als Sozialist begonnen hat und er erst in der Folgezeit mit Hitler zu jener negativen Persönlichkeit wurde, die in die Geschichte eingegangen ist."

„Nein, liebe Lucrezia, ganz so ist es nicht. Mussolini war bereits im Bündnis mit dem Großkapital ... es gibt ein ausgezeichnetes Buch von Daniel Guérin, das ich auf Italienisch veröffentlicht habe und welches den Titel trägt Fascismo e gran capitale *[dt.* Faschismus und Großkapital]*'; es macht deutlich, wie Mussolini von Anbeginn vom Großkapital finanziert worden ist, dass er ganz genaue Vorstellungen besaß und diese von Anfang an operaistisch umgesetzt hatte.*"

„Mussolini hatte sich zum Diktator berufen gefühlt, endete aber als Diener von Hitler ..."

„Nein, Lucrezia, es war Hitler, der Mussolini kopiert hat. Denn Mussolini ergriff 1923 die Macht, während Hitler im Jahre 1933, das heißt zehn Jahre später. Also war es Hitler, der Mussolini kopiert hat und nicht umgekehrt. Mussolini empfand große Bewunderung für Hitler, die aber nicht erwidert wurde. Hitler hat die Italiener immer verunglimpft, die einzigen, die er achtete, waren die aus dem

Norden, aus Bozen und aus dem Alto Trentino [Bezeichnung
für *Südtirol,* vorübergehend verwendet von Ettore Tolomei,
italienischer Politiker und Senator, Anm. d. Ü.]".
Sicherlich ist der Zweite Weltkrieg ein sehr trauriges
Kapitel. Die Statistiken zeigen eine fürchterliche Bilanz
auf: 59 Millionen Tote. Der Rüstungswettlauf mit dem Ziel,
schlagkräftigere Waffen als die der Widersacher herzustellen,
ist ein großer Irrsinn, aber die Politiker wissen nicht, ihm
zu entkommen, weil die Vernunft von Machtbesessenheit
beherrscht ist.

Der deutsche Maestro Joseph Beuys – eine der
emblematischsten und ungewöhnlichsten Persönlichkeiten
der Weltkunst nach dem Zweiten Weltkrieg – hat das ganze
Leben der Verbesserung der Gesellschaft gewidmet. Er
hat dieses gravierende soziale Weltproblem unter allen
ökonomischen und politischen Aspekten behandelt.
Zeugnis davon ist die Veröffentlichung '*Azione terza Via -
Iniziativa promozionale - Idea e tentativo pratico per realizzare un'
alternativa ai sistemi sociali esistenti nell'Occidente e nell'Oriente*
[dt. *Aktion Dritter Weg - Aufbauinitiative - Idee und praktischer
Versuch, eine Alternative zu den in Ost und West bestehenden
Gesellschaftssystemen zu verwirklichen*]', das rote Büchlein
der FIU (Free International University), vorgestellt bei
der documenta VI in Kassel und in Italien in Pescara am
12. Februar 1978, anlässlich der Diskussion über '*Una
Fondazione per la Rinascita dell'Agricoltura* [dt. *Eine Stiftung
für die Erneuerung der Landwirtschaft*]'. Dieses Büchlein ist
das Ergebnis jahrelanger Forschungen als Antwort auf zwei
grundlegende Fragen in Bezug auf gesellschaftspolitische
und ökonomische Problemstellungen, die auf dem gesamten
Planeten von absoluter Aktualität sind:
1 – Welche Kräfte haben zur gegenwärtigen Situation
geführt, die die Zukunft durch äußerste, niemals zuvor in

der Menschheitsgeschichte aufgetretene Gefahren bedroht sieht?

2 – Welche Denkrichtung, welche Ideen, welche moralische Eigenschaften sind für das Überleben der Menschheit, für ein den Naturgesetzen entsprechendes Leben erforderlich, um jedem Menschen die Entwicklung seiner eigenen Persönlichkeit zu gestatten?

Ein ernsthaftes Nachdenken und eingehende Forschungen haben zu dem Ergebnis geführt, dass das, was zur Vernichtung unserer körperlichen, geistigen und spirituellen Existenz drängt, der destruktiven Entwicklung entstammt, die den alten Systemen innewohnt. Ein Ausweg besteht im Aufbau einer neuen Gesellschaft, in einem grundlegenden und globalen sozialen Umschwung.

Die tiefe Krise, in der wir uns weltweit befinden, ist multidimensional und berührt alle Bereiche des Lebens, unsere körperliche und geistige Gesundheit und selbst die Mittel zum Überleben, vom Essen als Nahrungsmittel für den Körper bis zur Kommunikation als Nahrungmittel für das Denken. Es ist eine moralische und spirituelle Krise, eine Bedrohung auch für den dialektischen Raum und den Raum des guten Geschmacks. Aber es ist nicht nur eine Krise von Individuen, Regierungen oder Institutionen, es ist eine Transitionskrise weltweiten Ausmaßes, da wir als Zivilisation und als Ökosystem dabei sind, den Wendepunkt zu erreichen. Transformationen dieser Größenordnung und Tiefe, die nicht verhindert werden können, müssten wir als Möglichkeit der Erneuerung annehmen, um den Kollaps zu vermeiden. Um die große Transitionskrise zu überwinden, bedarf es nicht nur einer gründlichen Überprüfung der Hauptvoraussetzungen und Werte unserer Kultur, sondern es ist vor allen Dingen nötig, Klarheit in uns selbst zu schaffen und die Gesetze zu klären, die uns verwalten, unser Verhalten als Wahrheit von uns selbst für einen anderen Lebensentwurf, ein neues Projekt für die Zukunft zu untersuchen.

In dieser Phase der Neubewertung und kulturellen Wiedergeburt ist es wichtig, die Notlagen und Konfliktsituationen zu reduzieren, die die Zeiten großen sozialen Wandels immer begleitet haben. Es wird daher von entscheidender Bedeutung sein, sich nicht darauf zu beschränken, kompromittierte gesellschaftliche Gruppen, Institutionen und Persönlichkeiten anzugreifen, sondern zu zeigen, wie ihr Verhalten ein überholtes Wertesystem wiedergibt. Es ist notwendig, die Tatsache soweit wie möglich an die Öffentlichkeit zu bringen, dass die derzeitigen gesellschaftlichen Veränderungen Anzeichen einer umfassenden und zwangsläufigen soziokulturellen Transformation sind.

Es sind dies die Vorstellungen, die mich, trotz verschiedener Funktionen und Lebenswirklichkeiten, mit Arturo Schwarz, mit seiner transzendentalen Auffassung des Lebens und der Kultur verbinden.

Für Schwarz ist von seiner Galerie zu sprechen fast eine Verlängerung seiner selbst, sie ist seine 'lebendige Kreatur'. Er spricht zu mir mit großer Begeisterung über seine Galeristenarbeit. Es waren die 60er-Jahre des berühmten italienischen 'Wirtschaftswunders'.

„Als ich die Galerie aufmachte, verstand ich sofort, dass ich Ausstellungen von durch die Geschichte bekannt gewordenen und wenig bekannten Künstlern hätte zusammenstellen müssen. Ich eröffnete eine interessante Ausstellung von Franco Francese, der bereits ziemlich bekannt war, und danach Ausstellungen von völlig unbekannten jungen Leuten wie Luigi Di Ruscio, Elio Pagliarani und viele andere. Da du mich danach gefragt hast, erzähle ich dir, wie ich Duchamp kennengelernt habe ... es scheint eine unwirkliche Anekdote. Ich reiste viel, sowohl für das Verlagshaus als auch für die

Buchhandlung, und folglich traf ich Dichter, Literaten, Künstler. Duchamp ist mit einem 'Traum' gekommen. Eines Abends fühlte ich mich schlecht, ich hatte hohes Fieber wegen einer banalen Erkältung, und während der Nacht habe ich geträumt: Duchamp, der eine Schublade öffnete und verzweifelt nach einem Umschlag seiner Manuskripte suchte, ihn aber nicht fand, weil er hinter die Schublade gerutscht war. Tags darauf schrieb ich Marcel – damals wohnte er in New York –, ich beschrieb ihm meinen Traum und gab ihm genau die Schublade an, wo er seine Manuskripte gefunden hätte. Seinerzeit gab es keine Luftpost, das Schreiben brauchte drei Monate bis zur Zustellung, und die Antwort kam per Telegramm mit einem einzigen Wort: 'Trouvé'. Ich kann es mir nicht erklären, trotzdem ist es eine Begebenheit; den Umschlag, den er suchte, fand er tatsächlich dank meines Traumes. Später sind diese Manuskripte unter dem Namen 'À l'Infinitif' veröffentlicht worden. Im Jahre 1933 hatte ich die erste Folge der Aufzeichnungen herausgebracht, die zweite Folge hatte er verloren, als er nach New York umgezogen ist und es war diejenige, deren Verbleib ich ihm angegeben hatte. Ein paar Jahre später wurde die dritte Folge seiner Aufzeichnungen verlegt, und sie wurde ein großer Erfolg. Seitdem sind wir natürlich gute Freunde geworden, und nach einigen Jahren entschied ich mich, eine Monographie über seine Arbeit zu schreiben, die auch den detaillierten Katalog seiner Werke beinhaltete. Das Buch (zwei Bände) hatte drei Auflagen, die ersten beiden, immer umfangreicheren, wurden mit den Verlegern Abrams in New York und Thames & Hudson in London publiziert, danach folgte eine dritte Auflage. Ich machte in meiner Galerie eine große Ausstellung mit einem interessanten Katalog. Aber wenn du mich fragst, wie Mailand meine Arbeit aufgenommen hat, sage ich dir, dass es sie nicht verstanden hat, wie es meine Ausstellungen von Magritte, Brauner, Breton usw. nicht verstanden hat … es ist besser, liebe Lucrezia, nicht darüber zu sprechen.

Was deine Neugierde auf das Schachspiel betrifft, werde ich dir sagen, dass Duchamp ein ausgezeichneter Spieler war. Er war eine

große Persönlichkeit, ein bedeutender Künstler, der in mehreren
Bereichen der Weltkultur eine Epoche geprägt hat."

„Arturo, arbeitete Duchamp noch, als du ihn kennengelernt hast?
Und von Man Ray weiß ich, dass du als erster seinen richtigen
Namen herausgefunden hast ..."

„In den 60er-Jahren arbeitete Duchamp nicht mehr, von der
Öffentlichkeit ist er fast völlig vergessen worden, aber nicht von
der Kultur. Man Ray habe ich über Duchamp kennengelernt, sie
waren eng befreundet, er hatte das Atelier in Rue Férou in Paris,
bei der Kirche Saint-Sulpice, in der Nähe seiner Pariser Wohnung.
Der richtige Name von Man Ray war Emmanuel Radnitzky, er
war ein vielseitiger Künstler, er hat viele expressive künstlerische
Formen verwendet, dabei von der Malerei auf Gegenstände zum Film
übergehend, legendär wurde er aber mit der Fotografie. Ich war diesen
beiden Künstler sehr nahe, und von beiden, wie von vielen anderen,
habe ich Ausstellungen veranstaltet, Bücher, Kataloge veröffentlicht.
Ich hole sie, so kannst du dir die Qualität der Arbeit ansehen, die
man sich damals machte ...".

Arturo begibt sich wieder ins Haus, und ich denke über
das nach, was ich gerade gehört habe. Eine der Bedeutungen
des Begriffes '*galleria*' in italienischen Wörterbüchern ist
Tunnel, der einen Eingang und einen Ausgang hat. Durch
metaphorische Erweiterung müsste auch die '*Galleria d'arte* [dt.
Kunstgalerie]' einen Eingang, die Kultur, und einen Ausgang,
den wirtschaftlichen Gewinn haben. Der gute Galerist sollte
ein leidenschaftlicher und profunder Kunstkenner sein. Er
sollte seine Zeit stets nicht nur für die ethisch odnungsgemäße
Verwaltung der Galerie als Unternehmen, sondern auch für
die Steigerung und Aktualisierung eines spezifischen Wissens,
nämlich desjenigen investieren, das der Kunst unserer Zeit in
einem globalisierten internationalen Kontext eigen ist. Mit
anderen Worten muss der Galerist sowohl in wirtschaftlicher
als auch in kultureller Hinsicht fest an das glauben, was er in

einem besonderen System, wie das der Kunst, vorzuschlagen
wünscht. Heutzutage sind viele Galerien nicht nur in
Italien leider 'Boutiquen', klassifizierbar wie Hotels mit
einer Anzahl an Sternen in Abhängigkeit von dem, was sie
verkaufen. Ein Teil der Galeristen kann nur als Verkäufer
von Kunstwerken bezeichnet werden. Man kann daher ihre
ungeheuer große Entfernung vom Galeristen Schwarz, von
seiner unglaublichen, kulturell und menschlich ebenso
leidenschaftlichen wie ethisch vorbildlichen Geschichte
verstehen.

Arturo erscheint mit den Büchern wieder.

*„Dies ist der Katalog der Ausstellung von Duchamp, veröffentlicht
im Juni 1964, und dies ist der von der Ausstellung von Man Ray,
ebenfalls 1964 editiert, mit dem Titel* ʻ60 anni di libertà [*dt.* 60
Jahre Freiheit]*'. Von vielen anderen Künstlern, darunter Picabia,
habe ich Ausstellungen gemacht und Kataloge gedruckt. Von meiner
großen Leidenschaft für André Breton, die entstand, als ich in
Ägypten und 18 Jahre alt war, habe ich dir bereits berichtet, aber ich
möchte dir noch mehr erzählen ... ich schrieb ihm nach New York und
schickte ihm auch meine Gedichte. Nach ungefähr sechs Monaten
erhielt ich seine Antwort, in der er mich ermutigte. Ich habe ihn dann
in Paris getroffen ...*

*Ich wurde 1952 aus Ägypten ausgewiesen, auf jeder Seite meines
italienischen Reisepasses stand gedruckt: 'Gefährlicher Umstürzler,
wegen seiner Aktivitäten als Attentäter gegen den Staat und wegen
Majestätsbeleidigung zum Tode verurteilt'. Wie ich dir bereits gesagt
habe, bin ich von Marcus eingestellt worden, als ich in Italien
angekommen bin, und da ich viel gelitten hatte, habe ich zu einem
bestimmten Zeitpunkt einen psychischen Zusammenbruch gehabt.
Ich war drei Monate in einer psychiatrischen Klinik in stationärer
Behandlung und als ich entlassen worden bin, habe ich eine neue
Arbeit gesucht, und ich habe sie in einer Firma, die sich 'Esse' nannte
und ebenfalls im Bereich Import/Export tätig war, gefunden, da die*

Inhaber auch die Vertreter eines schwedischen Unternehmens waren, das Zellulose für Papier produzierte, und von französischen Firmen, die Rayon, eine Variante des Nylon herstellten, und jemanden brauchten, der perfekt Französisch und Englisch beherrschte. Ich wurde eingestellt. In dieser Firma arbeitete eine Sekretärin, die Vera hieß und später meine Frau, meine erste Frau geworden ist. Hin und wieder schickte "Esse" ihre Mitarbeiter ins Ausland, und Vera beschäftigte sich mit den Reisepässen, von denen es viele gab ... Der Direktor, der Tamaro hieß, war ein ehemaliger, der Säuberung unterzogener Faschist und hatte hervorragende Beziehungen zur Präfektur, die voll von weiteren gesäuberten Faschisten war. Tamaro schickte Packen an Reisepässen in die Präfektur, um Visa zu erhalten oder um sie verlängern zu lassen. Vera nahm meinen in die vielen Reisepässe mit auf, und endlich hatte ich einen 'jungfräulichen' Reisepass, der mir erlaubte, nach Paris zu fahren. Dort traf ich Breton, es war eine Begegnung, die mein Leben prägte und die ich immer noch mit Bewegtheit erinnere. Gleich im Vorwort meines Buches über Duchamp erzähle ich die Umstände jener Begegnung.

Duchamp und Breton trafen sich jedes Mal, wenn sie in Paris waren, sie waren eng befreundet. Neben Duchamp verkehrte Breton auch mit Man Ray, es war eine tiefgehende kulturelle und menschliche Verbindung."

Die Art 'Verbindung', von der Schwarz spricht, hat mich in eine andere wichtige, einzigartige Verbindung, einen wahren 'Cenacolo [*dt.* Künstlerkreis]' zurückversetzt – gewiss der wichtigste in Italien und ich würde sagen in Europa –, erschaffen und erlebt zu Beginn der 70er-Jahre von mir und meinem Mann Buby mit den Konzeptkünstlern jenes historischen Augenblicks und den Hauptfiguren der Arte Povera. Treffpunkt war unsere Villa di San Silvestro Colli in Pescara, häufig besucht vom bereits berühmten Beuys und von Vincenzo Agnetti, Alighiero Boetti, Pierpaolo Calzolari, Giuseppe Chiari, Gino De Dominicis, Luciano Fabro, Jannis

Kounellis, Mario und Marisa Merz, Giulio Paolini, Eliseo
Mattiacci, Vettor Pisani, Michelangelo Pistoletto, Emilio
Prini, Vitantonio Russo, Ettore Spalletti, Renzo Tieri, von
ganz jungen Konzeptualisten wie Marco Bagnoli, Lino
Centi, Francesco Clemente, Sandro Chia, Luigi Ontani,
sowie Remo Salvadori. Unter ihnen gab es weder Konflikte
noch Gegnerschaften, sondern Dialog und Respekt. Mit
allen habe ich eine tiefe menschliche Beziehung erlebt, ich
habe mit allen gearbeitet und allen geholfen, ich habe mich
immer um sie gekümmert und mit vielen von ihnen habe ich
eine Vertrautheit und enge Freundschaft aufrechterhalten.
Es gab viele wunderschöne Abende und Ausstellungen, alle
verewigt durch das Objektiv von Buby Durini. In der Villa
Durini ist die 'Transavanguardia [*dt.* Transavantgarde]' von
Bonito Oliva entstanden, der vergeblich versuchte, mich in
eine Kunstform einzubeziehen, die ich nie gemocht habe
und für die ich niemals die Freunde und ebenso wenig meine
Freiheit aufgegeben hätte. Nur Clemente und Chia – damals
Konzeptualisten – schlossen sich der Transavanguardia an,
die im Laufe der Zeit Geschäft geworden ist, Ausdruck einer
kulturellen Nivellierung nach unten, die den Erfolg von mit
der Politik kompromittierten oder dem amerikanischen
Kapitalismus verbundenen Kritikern ermöglicht hat. Mit der
üblichen Leidenschaft, Erfahrung, Intuition und Ehrlichkeit
bringe ich meine Mission als Kulturschaffende voran. Wie
Schwarz habe auch ich es immer geliebt, mit unbekannten
oder wenig bekannten Künstlern zu arbeiten, von denen
viele durch meinen Beitrag berühmt geworden sind, und
einige sind heute auch Kunstmanager.

Arturo fährt mit seiner Erzählung fort: „*Was die Zeitschrift
von Duchamp betrifft, die dir als Rarität bekannt ist, gab es zwei
Einzelausgaben, 'Rong Rong' und 'The Blind man'. Aber nur von
'Rong Rong' gibt es zwei Ausgaben. Duchamp hatte sie erstellt, als*

er mit Beatrice Wood in New York war. Sie war in ihn verliebt, eine fähige Künstlerin, an die ich mich von Herzen erinnere. Sie ist mit 106 Jahren gestorben, sie hat bis zu ihrem Lebensende in der Nähe von San Francisco gewohnt, in einer Ortschaft, deren Name mir nicht einfällt.

Die surrealistische Gruppe, die erste Gruppe, ist um die Zeitschrift 'Littérature' ungefähr 1916 und später um das 'Manifesto' des Jahres 1924 herum entstanden. Sie traf sich fast jeden Abend, aber Duchamp ging ab und zu, da er noch immer in New York war und in Neuilly wohnte, wenn er nach Frankreich kam. Die surrealistische Gruppe kam um Breton herum in einem kleinen Café zusammen, das sich 'La promenade de Venus' nannte und eine der letzten Bars war, in denen sich die Surrealisten trafen. Die Gruppe bestand aus Breton, Benjamin Péret und vielen jungen Leuten wie George Schuster und andere. Der französische Philosoph, der uns am nächsten stand, war Gaston Bachelard, ein großartiger Philosoph, ich habe alle seine Bücher und einige mit der Widmung 'à mon cher ami Arturo'.

Ich habe Schwarz danach gefragt, ob er auch eine Ausstellung von Yves Klein gemacht hätte.

„Nein, ich habe keine Ausstellung gemacht, er hatte eine sehr rechte politische Gesinnung, er gefiel mir nicht. Ich habe dagegen die ersten Ausstellungen aller anderen der neuen Realisten gemacht, Arman, Raysse, Spoerry, die vorher noch nie, weder in Mailand noch anderswo, ausgestellt hatten. Ich habe die Ausstellung von César gemacht, der in Frankreich bereits bekannt, in Italien aber unbekannt war. Von Masson habe ich drei Ausstellungen gemacht und auch die erste Ausstellung von Marcel Janco mit Werken aus der Dada-Zeit. Die Dadaisten sind 1916 im Cabaret Voltaire entstanden, aber niemand hatte sich in Italien für sie interessiert. Ich habe auch eine Ausstellung von Mimmo Rotella gemacht, obwohl er einer anderen künstlerischen Richtung angehörte, weil ich mich für Künstler interessierte, die einen neuen Beitrag zur Kunstgeschichte

leisteten, und Rotella hat mit seiner Forschung auf jeden Fall einen innovativen Beitrag geleistet.

Ich bin nie dogmatisch gewesen, mich interessierten die unbekannten jungen Leute, die tatsächlich neuen Wind in die Gegenwartskunst brachten. Daher sind meine ersten Ausstellungen fast alle von damals vollkommen unbekannten Künstlern, die später sehr berühmt geworden sind."

"Hast du auch Ausstellungen amerikanischer Künstler gemacht?"

"Die amerikanische Pop Art ist sehr viel später gekommen. Ich habe von keinem amerikanischen Künstler Ausstellungen gemacht, außer von Arakawa, dessen erste Ausstellungen ich gemacht habe. Er hatte eine amerikanische Freundin und sie lebten in New York.

Ich glaube, es gibt keinen Augenblick meines Lebens, zu dem ich mich nicht mit Vergnügen bekennen kann. Ich fühle mich wie ein unbeschwerter Mensch, zufrieden mit dem, was ich in meinem Leben gemacht habe, weil ich versucht habe, der Kultur immer mein Bestes zu geben ..."

"Bestimmt, du hast alles allein gemacht, gegen alles und jeden angehend wie ein Bulldozer."

"Du hast recht, Lucrezia – stell dir vor, als ich jung war, spielte ich Rugby und in der Schule nannten sie mich die 'S-Bombe', sie nannten mich auch 'flinker Bär', weil ich keine Hindernisse kannte und der Punkt sicher war, wenn ich den Ball in der Hand hatte."

"Lieber Arturo, dies ereignete sich vor vielen Jahren ... aber ich habe dich im Schwimmbecken des Hotels Miramare in Santa Margherita Ligure gesehen, wo du seit über 40 Jahren deinen Sommersitz hast und dieser Ort dir am 26. April diesen Jahres die Ehrenbürgerschaft verliehen hat. Es scheint unmöglich, dass man im ehrwürdigen Alter von vollendeten 90 Jahren jeden Morgen 52 Längen im großen Meerwasserbecken schwimmen kann. Ich habe die Armstöße im Stile eines großartigen Schwimmers bewundert ... du schienst ein aus den Untiefen des Meeres gekommener Fisch zu sein ... du bist ein großer Mensch, du verstehst es immer, mich zu überraschen."

„Sport, liebe Lucrezia, habe ich seit meiner Kindheit getrieben, er ist für mich eine tägliche Übung so wie es die Lektüre oder das Schreiben für den Verstand sind.

Bei jeder Art von Übung gibt es immer ein erotisches Element, das das höchste Gut berührt, welches nicht der materielle Erfolg, sondern der spontane Austausch einer intimen und sozialen Verpflichtung ist.

Ich habe folgende chinesische Anekdote gelesen: „Ein Schüler fragte eines Tages seinen Lehrmeister: 'Du, der du klug bist, sage mir, wie ich leben soll?' Und der Lehrmeister antwortete ihm: 'Ist es besser, sich wie ein laufendes Ross tausend Meilen vorwärts zu bewegen oder wie eine Ente im Wasser zu planschen und sich der wiegenden Welle zu überlassen? ... Ist es besser, sich im Flug mit dem Reiher zu messen oder sich wie Gänse, wie Hühner um das Futter zu zanken? Entscheide du, mein Junge, deine Entscheidung ist dein Leben'".

VORBEHALTLOSE REFLEXIONEN

Das Wahre hat die Natur,
durchzudringen, wenn seine Zeit
gekommen ist.

G. W. F. Hegel

Der Zauber der weiblichen Ökologie

Im Laufe der Zeit ist die Ausbeutung der Natur einhergegangen mit der Ausbeutung der mit dieser Natur identifizierten Frau, welche als Ernährerin und großherzige Mutter, aber auch als wild und unkontrollierbar angesehen wurde. Eine solche Auffassung hat die Vorstellung hervorgebracht, dass Natur und Frau beherrscht und dem Mann unterworfen werden sollten.

Mit dem Erfolg des newtonschen Wissenschaftsdenkens wird die Natur zu einem zu manipulierenden und auszubeutenden System. Dies geschieht gleichzeitig mit dem Universum Frau. Ein grundlegender Exkurs zur Gestalt der Frau (aus dem Lateinischen *domina*, von *domus (Haus)*) kann nur von den biologischen Daten ausgehen, die sich von denen des Mannes nicht nur wegen der sexuellen Beschaffenheit deutlich unterscheiden, sondern auch wegen der durchschnittlich geringeren Körpergröße, dem ausgebildeten Busen, dem breiteren Becken und dem gesamten Lymphsystem, das dem Körper jene Proportionen verleiht, die die so genannte *'weibliche Schönheit'* ausmachen. Zwei mit den biologischen korrelierte und der Statistik entnommene Daten sind das demographische Gesetz von 105 männlichen zu 100 weiblichen Geborenen und die im Vergleich zum Mann höhere Lebenserwartung der Frau.

Wenn wir die Lage der Frau in den verschiedenen historischen Epochen untersuchen, ist die Konstante ihre totale Abhängigkeit vom Mann gewesen. Im jüdischen Volk war Polygamie erlaubt, doch selbst wenn die Frau dem Mann unterworfen war, der sie auch verstoßen konnte, konnte sie von den Kindern denselben Respekt verlangen, den diese vor dem Vater haben mussten. In Sparta war die Frau, insbesondere als Mutter, sehr geachtet, nahm am sozialen Leben teil und übte ihren Einfluss in den staatlichen Angelegenheiten aus. Die Athener dagegen schlossen die Frau vom öffentlichen Leben aus, indem sie sie in das Gynäkeion, den innersten, ausschließlich Frauen vorbehaltenen Bereich des Hauses verbannten; sie konnten nur eine Frau heiraten, aber es galt das Recht auf Verstoßung, und häufig lebte neben der Frau die Konkubine. In Rom befand sich die Ehefrau in absoluter Abhängigkeit vom Ehemann, und dennoch verlieh die Mutterschaft ihr in der Eigenschaft als *Matrona* des Hauses besondere Rechte. Das Christentum schien die Lage der Frau mit dem zum Sakrament erhobenen Grundsatz der Unauflöslichkeit der Ehe zu verbessern, doch in Wirklichkeit trug die mittelalterliche christliche Askese dazu bei, die Würde der Frau zu schmälern. Die alte Verbindung Frau/Natur, zur Quelle einer natürlichen Affinität Feminismus/Ökologie geworden, finden wir in den Worten von Carolyn Merchant, Wissenschaftshistorikerin an der Universität Kalifornien wieder: *„Forscht man nach den Wurzeln unseres gegenwärtigen Umweltsystems und seiner Verknüpfung mit Naturwissenschaft, Technologie und Wirtschaftswissenschaft, muß man die Ausformung einer Weltanschauung und einer Wissenschaft neu überdenken, welche die Beherrschung der Natur wie der Frau durch den Mann dadurch sanktionierten, dass man die Wirklichkeit eher als eine Maschine denn als lebenden Organismus betrachtete. Die Beiträge solcher Gründer-'Väter' der modernen Wissenschaft wie Francis*

Bacon, René Descartes, William Harvey, Thomas Hobbes und Isaac Newton müssen neu bewertet werden."

Die Auffassung vom Mann als Beherrscher hat durch die jüdisch-christliche Tradition Unterstützung erhalten, welche dem Bild des männlichen Gottes die Personifizierung der 'höchsten Vernunft' verleiht, Quelle der höchsten Macht, die die Welt von oben regiert, indem sie dieser ihr göttliches Gesetz auferlegt.

Die neue Sicht der Wirklichkeit ist eine ökologische Sicht, die über die unmittelbaren Probleme des Umweltschutzes hinausgeht. Um diese Bedeutung hervorzuheben, haben Philosophen und Wissenschaftler eine Unterscheidung zwischen '*Tiefenökologie*' und '*oberflächlicher Umweltschutz*' vorgenommen.

Während der oberflächliche Umweltschutz an einer effizienteren Kontrolle und Verwaltung der Umwelt zu Gunsten des Menschen interessiert ist, erkennt die Bewegung der Tiefenökologie an, dass das ökologische Gleichgewicht tiefgreifende Veränderungen der Rolle der Menschen im Ökosystem des Planeten erfordert. Einzig das Individuum, das sich mit dem Kosmos in seiner Gesamtheit verbunden fühlt, besitzt das ökologische Bewusstsein in spiritueller Hinsicht. Tatsächlich drückt sich die Vorstellung, dass das Individuum mit dem Kosmos verbunden ist, in der lateinischen Wurzel des Wortes Religion *(religare*, an-/zurückbinden, festmachen) sowie im Sanskrit *yoga*, das Bund bedeutet, aus. Die Weisheit der Tiefenökologie finden wir auch bei Philosophen wie Spinoza und Heidegger wieder, während sie sich in Amerika in den 60er-Jahren zeitgleich mit der Frauenbewegung entwickelt hat.

Der Übergang vom materiellen Wachstum zum inneren Wachstum wird durch die menschlichen Potenzialitäten befördert. Die spirituelle Essenz der ökologischen Sicht, als idealer Ausdruck der weiblichen Spiritualität, ist gerade wegen ihrer natürlichen, in der ursprünglichen Beziehung Frau/ Natur verwurzelten Verwandtschaft zwischen Feminismus und Ökologie von der Frauenbewegung unterstützt worden. Da die weibliche Spiritualität auf dem Bewusstsein der Einheit aller lebenden Quellen und ihren zyklischen Rhythmen von Geburt und Tod beruht, gibt sie eine Haltung wieder, die zutiefst ökologisch ist. In vielen Kulturen, einschließlich der unsrigen, ist der Kult der Göttin älter als der der männlichen Gottheit, und dies ist eng mit dem Mystizismus der Natur verknüpft. Der männliche Gott stellt den 'Vater' dar, der mit dem Sohn durch ein Verhältnis verbunden ist, das zu Konfrontation und zu Liebe neigt, welche durch Gehorsam, Loyalität und häufig Herausforderung bedingt ist. Das Bild der Göttin ist dagegen eher gekennzeichnet von Harmonie, Wärme und Zuneigung als von Herausforderung, ein eindeutig mütterliches Bild, das die bedingungslose Liebe wiedergibt, die Vitalität erzeugt.

Und es ist dieses Bild, vor allem die Rettungs- und Initiationsbedeutung der Frau, auf die Arturo Schwarz seine intensive Reflexion richtet. Die Frau hat die Macht, eine Transformation zu bewirken. Ihre Liebe ist eine Pulsation, die dazu drängt, sich in Handlungen zu verwirklichen, welche dank der Potenzialität des Seins erfolgen und sich nach einer Reihe materieller, sinnlich wahrnehmbarer und spiritueller Austausche mit dem Anderen im Erlebten ausdrücken. Diese weibliche Liebe tendiert dazu, jeden Gegensatz zu überwinden, unterschiedliche Kräfte aufzunehmen und sie in dieselbe Einheit zu integrieren. Die Libido erhellt sich durch das Bewusstsein und verwandelt sich dabei in eine spirituelle Kraft von moralischem und mystischem Fortschritt. In diesem Sinne ist sie iniziatorisch, so wie es Arturo Schwarz versteht,

weil sie die Macht einer Metamorphose besitzt. Die beiden
Wesen geben sich hin und geben sich preis, finden sich auf
eine höhere Existenzstufe gehoben wieder. Dies geschieht,
wenn die Gabe absolut und nicht auf die sexuelle Sphäre
beschränkt gewesen ist. Die Liebe ist ontologische Quelle von
Fortschritt in dem Maße, in dem sie tatsächlich Verbindung
und nicht Aneignung ist, wenn sie vereinigendes Zentrum
und nicht Grund von Teilung und Zerstörung des Wertes
des Anderen ist, um ihn sich egoistisch zu unterwerfen.
Das, was den Anderen und einen selbst bereichert, ist die
reicher machende, gegenseitige und großzügige Gabe. Der
Kardinalfehler der Liebe entsteht, wenn ein Teil das Ganze
wird, und bei Paaren ist dieses 'Ganze' in erster Linie der
Mann.

Wenn die Intuition auf der Fähigkeit beruht, im Intimen
des eigenen Ich verschiedenste Vorstellungen aufzunehmen,
anstatt auf der Möglichkeit, ein Bild zu entwerfen oder eine
Hypothese aufzustellen, liegt das größere Intuitionsvermögen
bei der Frau. In der höchsten Anschauung ist die Frau die
große Erzieherin des Menschengeschlechts, und ihre Liebe
hat die Fähigkeit, den Menschen zu verändern und seine
Gefühle zu disziplinieren.

In diesen Vorstellungen findet sich die Philosophie der
Liebe wieder, das weibliche Bild von Arturo Schwarz.

Wie bekannt ist, entsteht und setzt sich die Frauenbewegung
in Amerika zwischen 1960 und 1970 durch, indem sie die
Lebensbedingungen der Frauen verändert, welche nach
Jahrhunderten des Obskurantismus und der Unterwürfigkeit
ihre Rechte einfordern. In der gleichen historischen Epoche
hatte gegen die stereotypen Bilder der menschlichen
Natur nicht nur die Frauenbewegung protestiert, sondern
auch eine bestimmte Anzahl von Befreiungsbewegungen,
die gegen die Unterdrückung von nicht nur rassischen

Minderheiten revoltierten, sondern auch von solchen, die aus Homosexuellen, alleinerziehenden Eltern, Menschen mit Behinderung und vielen anderen bestanden, welche alle in der Zuweisung sozialer Rollen diskriminiert wurden. Während die Bürgerrechtsbewegung verlangte, dass farbige Staatsbürger zur Teilnahme am politischen Leben zugelassen werden, stellte die Frauenbewegung die patriarchale Autorität in Frage. Zur gleichen Zeit entstand auch die Tiefenökologie. Die Forderungen der verschiedenen Minderheiten sind Teil der Sehnsucht nach Gerechtigkeit, von der Schwarz in seinem Buch 'Sono Ebreo, anche [dt. Ich bin auch Jude]' spricht.

In den 80er-Jahren ist die Frauenbewegung eine der wesentlichen Kräfte der kulturellen Transformation gewesen, insbesondere in Nordamerika und in Europa, wo sie eine zentrale Rolle sowohl für das Zusammenwachsen anderer sozialer Bewegungen als auch als Katalysator von mehreren Minderheiten gespielt hat. Sie hat außerdem auf die Politik eingewirkt und die Frauenrechte als radikale Freiheitsidee gegen die Unterschiede bekräftigt.

In Italien, einem von einer patriarchalen Kultur und kirchlicher Macht beherrschten Land, hat die Frauenbewegung anfangs bei dem in erster Linie vom Partito Radicale [dt. Radikale Partei] unterstützten Wandel eine wichtige Rolle eingenommen. Im sozialen und politischen Bereich hat es für die Frau aufgrund all der falschen, von einer demokratischen Diktatur auferlegten Regeln eine betrübliche Beschränkung gegeben, die es auch heute noch gibt. Aus mehreren Gründen ist die italienische Frau konfliktbeladen, aggressiv und herrisch gegenüber dem Mann geworden und hat dadurch die Sanftmut und das Gefühl des Mysteriums verloren. Es hat sich also eine Art Rache, eine erotische Nivellierung nach unten durchgesetzt, die von einem Fernsehen unterstützt worden ist, welches

Bild und Eros vollkommen verändert hat. In der Tat hat die Zurschaustellung des weiblichen Körpers die Erotik in eine Art Hygienismus verwandelt, Sex ist zu etwas wie das Sichernähren, das Rauchen, das Gymnastiktreiben geworden. Wenn aber der Erotik die Spontaneität abhanden kommt, ist der weibliche Körper erneut ausgegrenzt, und die Schuld liegt nicht nur bei den Medien, sondern auch bei einer Macht, vor allem die der katholischen Kirche, der die Politik, besonders in Italien, unterworfen ist und zu deren Komplizin sie daher geworden ist.

Mit der gebührenden Zurückhaltung habe ich Arturo gefragt, ob er mir von seinen Lieben, seinem Eheleben erzählen wollte ...

„Liebe Lucrezia, ich bin mit dir einverstanden, heute hat sich leider alles zum Schlechten verändert ... aber es gibt auch Ausnahmen ... Ich hatte im Leben nur drei Frauen, alle besondere Frauen, die ich geheiratet habe. Mit Vera bin ich 35 Jahre verheiratet gewesen und ich habe eine Tochter von ihr, die in Venedig lebt, dann wurde sie durch Lungenkrebs aus dem Leben gerissen. Wie ich dir bereits gesagt habe, habe ich Vera geheiratet, als ich bei 'Esse' arbeitete, und ihr verdanke ich den sauberen Reisepass, der es mir ermöglicht hat, in viele Länder der Welt zu reisen und dort zu arbeiten, vor allem, als ich die Buchhandlung hatte. Rita, die du kennengelernt hast, ist meine zweite Frau gewesen. Bei einem schrecklichen Unfall mit dem Auto ..., ich fuhr, ich brach mir ein Bein und Rita sich eine Schulter und einen Arm, die Genesung dauerte mehr als ein Jahr. Dann haben wir uns getrennt. Nun bin ich mit Linda zusammen, eine große Liebe ... wir verstehen uns und lieben uns sehr. Wir kennen uns seit sechs Jahren und leben seit vier Jahren zusammen. Wir konnten erst vor einem Monat, am 28. Februar heiraten, da drei Jahre vergehen mussten, damit sich Linda scheiden lassen konnte."

Linda saß mit uns zusammen ... und bemerkte daraufhin sehr zärtlich: *„Wir haben uns kennengelernt, als ich ihn besucht* *habe, um ihm meine Keramiken zu zeigen. Aus beruflichen Gründen haben wir ein Jahr lang Kontakt miteinander gehabt, dann eine große Liebe, entstanden aus Wahlverwandtschaften, was schwer zu erklären ist. Wir leben unbeschwert, verstehen uns, respektieren uns, haben uns sehr gern. "*

Linda ist eine intelligente Frau, mit großem Einfühlungsvermögen, Sanftmut und gutem Geschmack. Eine Persönlichkeit im Einklang mit den Gefühlen und dem Wissen. Nachdem ich sie kennengelernt habe, kann ich sagen, dass sie die Eigenschaft besitzt, die eine Frau nach Ansicht von Arturo Schwarz haben sollte: die Rettungs- und Initiationsbedeutung. Um es mit dem griechischen Dichter Empedokles auszudrücken: *„Das um das Herz wallende Blut ist sein königliches Denken".*

Die Gewissheit eines ungewissen Alltags

In diesem historischen Augenblick greifen Politik, Medien, Wirtschaft, Kultur und auch die Kunst in der Kommunikation häufig auf 'Tricks' von Jahrmarktsbudengauklern mit einer degenerierten Sprache zurück, in der die List mentale Programmierung ist. Gewalt, Arroganz, Konflikt, die Vergötterung von Profit und Erfolg harmonieren mit einer diktatorischen Demokratie, mit dem Durst nach Macht und Erscheinungsbildern. Daher sind wir immer unentschlossener und unsicherer in unserem eigenen Leben, das immer mehr aus Brüchen und Veränderungen besteht, die bisweilen Interesse und Vergnügen wecken können, in den meisten Fällen jedoch Grund für ein tiefes Gefühl der Angst sind, für einen Verlust des Sinnes dessen, was wir machen und vor allem für die Vorstellung, unser Leben unter Kontrolle halten zu können. Genau dieser Zustand der Ungewissheit ist es, der uns häufig dazu bringt, uns den Machtdynamiken auszuliefern, und uns jeden Tag mehr zu Sklaven macht.

Einst bewegte man sich als Pilger, um ein Ziel zu erreichen, heutzutage bewegen wir uns in der Meute, begierig, stets neue Emotionen zu erleben, wir sprechen und verhalten uns alle auf die gleiche Art und Weise. Auch das politische Handeln stellt sich nicht mehr als ein direkter und eindeutiger Bezugspunkt im Hinblick auf das gesellschaftliche Leben dar. Hinter

einer scheinbaren Demokratie und Freiheit verstecken sich heimtückische Vereinheitlichungsformeln, die das In-Angriffnehmen der Probleme verhindern. Der demokratische Geist ist durch den Verlust des moralischen Sinns geschwächt. In einem Klima der Ungewissheit und 'kosmischer Angst' beanspruchen die Religionen ihre eigene Autorität in der Forderung nach Glauben als Erleichterung von den Bekümmernissen, die die Freiheit des Menschen bedrohen. In einer Computerwelt wird die Existenzberechtigung durch 'Registrierung' bestätigt. Ohne Einwohnerverzeichnis, ohne Liegenschaftsregister, ohne Urkundenrolle des Notars gehören Häuser und Sachen der Welt an, und die Menschen sind nicht erkennbar, nicht autorisiert, zu handeln. Früher bedeutete ein 'Akt' eine Handlung, heute ist es die Akte, es ist keine Aktion, sondern ein Dossier.

Wie in dem Film '*Centochiodi* [dt. *Einhundert Nägel*]' von Ermanno Olmi ist die Realität auf eine 'Seite' festgenagelt, und zum Schluss kann sich die Hauptfigur kein Blockhäuschen bauen, ohne dass das Katasteramt einschreitet, um es zu bestätigen und in seine Mappen zu übertragen.

Fünfzig Jahre nach Musils Werk '*Der Mann ohne Eigenschaften*' hat die Registrierung die Welt besetzt: Einwohnerverzeichnis, Liegenschaftsregister, Strichcodes, computergestützte Datenablagen, abgehörte Telefongespräche und in den vergangenen Jahren auch die DNA als Identikit haben die Wirklichkeit in einen großen Katalog verwandelt. Eine von den Massenmedien übermäßig vermehrte Wirklichkeit: Tageszeitungen, Zeitschriften, Festnetztelefone, Mobiltelefone, Fernseher, Internet, während Satellitenstationen die Erde in ein Netz so voller Botschaften einwickeln, das, wenn es sichtbar wäre, den Himmel verdunkeln würde: eine riesige Menge an Informationen, in der die Fiktion kaum von der Realität zu unterscheiden ist, welche sich immer mehr in eine vage Erinnerung auflöst. Der Inspektor des Kriminalfilms, das Gequassel der Talkshows, die Figuren der Fernsehserien oder die Monstren der Zeichentrickfilme werden zunehmend vertrauter als die eintönigen Episoden des persönlich Erlebten, und die Realität ist mittlerweile eine schlechte Nachbildung der Fiktion. Wir werden von Bildern und Geschwätz dermaßen überfallen, dass das Dunkel, die Stille und auch die Unwissenheit vorzuziehen ist.

Mit dem Aufkommen der Biotechnologie wird uns suggeriert, dass unser Körper eine Entität ist, die man reproduzieren kann. Die Gentechnologie ermöglicht, Gene (auch menschliche) 'einzufangen', zu reproduzieren, zu patentieren und zu verkaufen. Die Präimplantationsdiagnostik ermöglicht es, Ungeborene auszusuchen, und die künstliche Befruchtung kann uns der Eltern berauben: das Geborenwerden und das Sterben als von Rechtsvorschriften vorgesehene und geregelte Ereignisse. Nicht mehr Kinder der Natur, sondern Produkte wissenschaftlichen Wissens, die jemand 'die zweite Schöpfung' genannt hat, bei der der 'Sündenfall' nicht der Adams ist, der sich die Wissenschaft zu eigen macht, sondern der der Wissenschaft, die Adam seiner Seele beraubt, um daraus einen unpersönlichen Ordner von Informationen zu machen.

Diese Realität bringt uns dazu, auch über die heutige Situation der Kunst im Vergleich zum großen Lebensbeispiel von Arturo Schwarz nachzudenken und den Begriff *Arte solidale* [dt. *solidarische Kunst*] zu verstehen. Ein umzuformulierender, als organischer Teil der Persönlichkeit jedes Menschen noch einmal zu überdenkender Begriff. Kunst ist überall, aber man muss mit ihr umzugehen wissen, weil sie zu einem existenziellen Parameter geworden ist, der in das Leben des Menschen, die Sprache, das Verhalten, die Gefühle, die Emotionen, die Arbeit eindringt.

In der heutigen Welt greift die Kunst als 'Katalysator' unserer täglichen Bedürfnisse ein, sie ist ein Übergang des Seins von einem normalen Bewusstseinszustand zu einem höheren Stadium, das sich nicht auf den Instinkt beschränkt, sondern eine bestimmte Disziplin verlangt. Für einen Kulturkritiker und Kulturschaffenden besteht der Imperativ darin, mit dem Künstler zusammenzuarbeiten, sich stets zu bemühen, die in der Erschaffung des Werks innewohnende Wahrheit zu verstehen, die Seele der Dinge und die Solidarität als Notwendigkeit, unser Leben mit den Leiden anderer in Beziehung zu bringen, wieder zu entdecken. Leider haben Konsumdenken, Machtmissbrauch, Profitgier und der Verlust menschlicher Gefühle die grundlegenden Werte des Menschen verdunkelt.

Der Mensch, der den Anderen nicht zu beschenken weiß, sich nicht in die Leiden anderer hineinzuversetzen weiß, die Zwangsvorstellung des Gegenwärtigen mit sich führt, auf konventionelle Art denkt und lebt, vom Haben, von der Mode und vom Stress beherrscht ist, bemerkt nicht, dass das, was im Leben wichtig ist, jene im Laufe der Zeit unveränderlichen Werte sind. Es ist unbedingt notwendig, den Menschen, die in der Zerbrechlickeit ihres Erfolges leben, die Worte des dänischen Schriftsteller Stender Clausen ins Gedächtnis zu rufen: *„Und während du dir mit Mühe den Weg zu den Ehren ebnest, wächst in irgendeinem Wald, mit kaum wahrnehmbarer Bewegung, die Tanne deines Sarges".*

Diese Menschen seien daran erinnert, dass *„sie, darauf verzichtend, bedürftige Menschen zu verteidigen, ihre eigene Vernichtung planen".*

Unser Verstand ist täglich von hunderten Dingen eingewickelt: persönliche Interessen, flüchtige Situationen, kühne Utopien, Träume, Perversionen, rätselhafte Geheimnisse, Kuriositäten der Welt und dergleichen mehr …

während wir versuchen, den verschiedenen Anforderungen des Lebens gerecht zu werden, leben viele andere Menschen krank wie lebende Leichen.

Heutzutage ist der Tod eines Kranken im öffentlichen und kollektiven Bereich dazu bestimmt, in Ausgrenzung und Einsamkeit stattzufinden. Es ist ein Tod, der aufgrund der Arbeitsteilung dem Experten ohne jene rituellen und sozialen Vermittlungen anvertraut wird, die dazu beitragen sollen, die Trauer zu 'verarbeiten', wohingegen es unser konkretes Handeln gegenüber diesen Menschen sein müsste, den Gedanken an den Tod zu reinigen. Leider besteht das Leben heutzutage aufgrund der zu schnellen Rhythmen, der häufigen Transporte, der Menschenmenge, der zu schrillen und stechenden Geräusche, den fortwährenden, zu wahren Schikanen emporgestiegenen, bürokratischen Schwierigkeiten aus einer ständigen Abnutzung unseres Nervensystems, weshalb jeder Mensch an sich selbst denkt.

In dieser unermesslichen Unübersichtlichkeit ist es auch notwendig, daran zu erinnern, dass es Menschen gibt, die aus freien Stücken Wunder erzeugen, dem Leben einen Sinn verleihen, wie der Gärtner sind, der das Unkraut aus seinem eigenen Garten und dem anderer ausreißt. Ihnen müsste man eine Solidaritäts- und Großzügigkeitsauszeichnung verleihen, da sie sich in das Leben der Leidenden verkörpern. Ihr Wirken ist ein Beispiel, eine zu verbreitende Botschaft, weil es die ethische Pflicht jedes Menschen ist, solidarisch zu sein, zu helfen, denen die Hand zu reichen, die in physischem, psychischem und wirtschaftlichem Leid leben. Dies ist der dreifache soziale Aspekt, bei dem auch die Kunst, mehr als jede andere Disziplin, aufgerufen ist, im Zeichen einer sozialen und kulturellen Solidarität zu handeln. Und das ist es, wozu uns Arturo Schwarz bringt

– nachzudenken darüber, wie das eigene Leben zwischen Leid und Erfolg, Würde und Toleranz, Gerechtigkeit und Liebe für die Frau zu verbringen ist ... ein Volontariat für das Wohlergehen der Menschheit.

Die Ignoranz der autoritären Berechnung

Häufig, oder besser fast immer, stimmen Vernunft und Autorität nicht überein, ein bedeutender Unterschied besteht zwischen der Weisheit auf der einen Seite und der Macht auf der anderen. Autorität ist, ganz gleich, wo immer sie auch angewandt wird, zugleich Integrations- und Konfliktfakor, während Vernunft der gesunde Menschenverstand ist, der jeden Menschen dazu bewegt, anderen Gutes zu tun.

Autorität im weitesten Sinne ist eine Form von Einfluss, den ein Individuum oder eine Gesamtheit von Individuen auf andere Individuen ausüben. Es ist die einer Person oder jener Personengruppe zuerkannte Macht, die auf Ideen und folglich auf Menschen ausgeübt wird. Es gibt unterschiedliche Arten von Autoritäten: die natürliche, die von Vätern auf ihre Söhne ausgeübt wird, und die rechtliche, die von Richtern (eine solche sollte sie zumindest sein) und politischen Institutionen ausgeübt wird.

Auch die Vernunft übt als Tugend moralisch eine eigene Autorität aus. Für die Philosophen ist Autorität die allgemeine Zustimmung im Vertrauen auf oder im Unterrichten von einigen Wahrheiten, aus denen die Begriffe allgemeine Übereinstimmung (Consensus universalis), gesunder Menschenverstand, allgemeine Vernunft abgeleitet sind.

Für Hegel ist Autorität die Wahrheit als Wissen. In dieser Definition ist auch die Position von Arturo Schwarz als Mensch und Gelehrter zusammengefasst.

Ferner ist darauf hinzuweisen, dass im Bereich der Politik Autorität nicht mit Macht zu verwechseln ist. Autorität setzt immer Vernunft und Gerechtigkeit voraus. Leider kommt es oft vor – wie in der historischen Epoche, in der wir leben –, dass sie sich in Machtmissbrauch verwandeln kann. Daher kann es Autorität ohne Macht und Macht ohne Autorität geben, wobei in letzterem Fall Usurpation vorliegt. Es gibt des Weiteren die gesetzlichen Autoritäten, ausgeübt von Beamten, denen das Gesetz bestimmte Befugnisse über die Bürger zuerkennt. Die Verpflichtung, diese Autoritäten zu respektieren – solange ihre Handlungen im gesetzlichen Rahmen ausgeführt werden –, gehört zu den folgenden Grundprinzipien des sozialen Zusammenlebens: der Einfluss der allgemeinen Meinung; der Wert der Bezeugung von Spezialisten in einem gegebenen Wissenszweig; der Imperativ des Moralgesetzes; die Macht der Verfassungsgesetzgeber.

Bezug nehmend auf diese Grundsätze, zitiert Arturo Schwarz in seinem Buch 'Sono Ebreo, anche [dt. Ich bin auch Jude]' Erich Fromm hinsichtlich der menschlichen Beziehungen zur Autorität. Autorität kann nicht als eine Eigenschaft verstanden werden, die eine Person besitzt, sondern sie bezieht sich auf eine 'zwischenmenschliche Beziehung', in der ein Individuum ein anderes Individuum als sich selbst überlegen betrachtet. Aber es gibt auch eine als hemmende Autorität definierte Beziehung, in der Gefühle der Liebe, der Bewunderung und der Dankbarkeit vorherrschen: die Autorität als Beispiel, mit dem man sich identifizieren kann. Eine weitere Situation ist diejenige, in der Ressentiments und Feindseligkeiten entstehen, welche zu Formen von Despotismus, Tyrannei, Autoritarismus, Totalitarismus führen können, von denen eines der gravierendsten und destruktivsten Beispiele die 'Nazidiktatur' gewesen ist, deren Auswirkungen – wir haben über diese zuvor gesprochen – von Schwarz mit einer entsetzlichen Gewalt erlebt worden sind. Daraus ergibt sich die Ablehnung des Autoritätsprinzips, von der er in seinem Buch '*Sono Ebreo, anche* [dt. *Ich bin auch Jude*]" spricht.

Aber was heißt Gewalt? Sie als primäre instinktive Kraft analysierend, wird sie in allen Beziehungen zwischen individuellen lebenden Systemen ausgedrückt, in denen immer der Stärkere siegt. Es ist außerdem zu berücksichtigen, dass Gewalt mit Vitalität, verstanden als Kraft (aus dem Lateinischen *vis*), eines gemeinsam hat: Gewalt und Vitalität sind bei den verschiedenen Machtspielen generell Ausdruck sowohl des tierischen Instinkts und der Art und Weise, wie dieser sich präsentiert, als auch rational Folge eines Sozialisierungsprozesses.

Der erste Instinkt des Menschen ist es, innerhalb der eigenen individuellen Grenzen am Leben zu bleiben, die eigene Art zu erhalten, indem dieser Energie über die Nahrung, das Wasser, die Luft, das Sonnenlicht und andere organische Substanzen aufnimmt. In dieser seiner Vorherrschaft über das gesamte Tierreich ist er seit jeher erkennbar.

In einer aus unterschiedlichen Menschen bestehenden, gemeinschaftlichen Gesellschaft müsste sich Rationalität auf der Grundlage der wechselseitigen Anerkenntnis entwickeln, dass die individuellen Ziele durch eine *solidarische und freie Zusammenarbeit* (J. Beuys) erreicht werden. Gemäß dieser Formel entsteht die Vorstellung von Gerechtigkeit aufgrund der Überzeugung, dass es nicht möglich ist, die menschliche Gemeinschaft zusammenzuhalten, es sei denn, alle Mitglieder halten eine im Vergleich zu ihren eigenen Interessen höhere

Form für notwendig und nehmen daher von jeder Form
von Gegensatz Abstand, indem sie Feinde in Verbündete
verwandeln. Leider gehört dieses Verhalten, das utopisch auf
der Kraft der Liebe und auf Rationalität gründet, nicht zu allen
denkenden Menschen. Es existiert, wenn auch auf andere
Weise, bereits in der Schöpfungsgeschichte mit Kain, der den
Bruder Abel ermordet, daher das erste ethische Urteil der
Geschichte der Menschheit über das, was als das schlimmste
Verbrechen gegen die menschliche Natur betrachtet wird.
Der Mensch besitzt als Raubtier eine natürliche
Veranlagung zum Konflikt. Dies ist in der Tat die
Hauptursache der Kriege zwischen Brüdern, Völkern und
Nationen. Es sei hier an das erinnert, was zuvor in Bezug
auf die von Arturo Schwarz erlittenen, unmenschlichen
Torturen bereits geschrieben worden ist. Und es sollte
nicht vergessen werden, dass seit den Zeiten Leonardo da
Vincis auch die Wissenschaft, durch auf das Verbessern von
Waffen und der Festungskunst gerichtete Forschungen, zur
Herstellung von Kriegsausrüstung beigetragen hat. Seitdem
ist die Rolle der Technologie bei Kriegswaffen rapide und
enorm angestiegen. Für Thomas Mann „[ist] der Krieg .. nichts
Anderes als eine bequeme Umgehung der Friedensaufgaben. Er ist
moralisch derart diskreditiert, dass man sich gut vorstellen kann,
dass er nichts Anderes als ein Mittel zur inneren Unterdrückung und
zur Unterwerfung der Völker ist. Das große Täuschungsmittel, um sie
zu verleiten, angesichts der eigenen Niederlage 'Hurra' zu schreien".

Auf einem negativ globalisierten Planeten ist es heutzutage
unmöglich, Sicherheit zu erlangen und noch viel weniger,
sie zu gewährleisten. *Deregulierung,* die in weltweiter Illegalität
mündet, und bewaffnete Gewalt leben voneinander und
verstärken sich gegenseitig, indem das eine aus dem anderen
Kraft schöpft, und wie ein Sprichwort alter Weisheit bemerkt:
„Inter armas silent leges" (wenn die Waffen sprechen, schweigen

die Gesetze). Wie voraussehbar war, haben persönliche Freiheit und Demokratie in der Welt das gleiche Schicksal geteilt. Alexander Hamilton, bekannter US-amerikanischer Militärpolitiker, schreibt prophetisch:

„Die gewaltsame Zerstörung von Leben und Eigentum, die der Krieg mit sich bringt, und die unablässige Anstrengung und Anspannung, die bei einem Zustand ständiger Bedrohung herrschen, werden sogar äußerst freiheitsliebende Nationen dazu zwingen, um der Ruhe und Sicherheit willen zu Einrichtungen Zuflucht zu nehmen, die tendenziell ihre bürgerlichen und politischen Rechte gefährden. Zur Erhöhung ihrer Sicherheit sind sie schließlich dazu bereit, das Risiko einer Verringerung ihrer Freiheit einzugehen".

Leider ist diese Prophezeiung dabei, Wirklichkeit zu werden, weil der Mensch, der Gewalt anwendet, eine leeres Herz hat und einen kranken Verstand.

Auch die Gewalt an Frauen ist ein in diesem Zusammenhang in Angriff zu nehmendes Thema, da – wir haben es zuvor bereits angesprochen – die Anerkennung der Rettungs- und Initiationsbedeutung der Frau einer der wesentlichen Grundsätze ist, die Arturo Schwarz sehr am Herzen liegen.

Es ist eine unumstößliche Tatsache, dass die tausendjährige Unterwerfung der Frau vollständig ihrer körperlichen Unterlegenheit im Vergleich zum Mann oder besser zu der über die natürliche Auslese errungene Kraft und Größe geschuldet war, die der Mann mit vielen anderen höheren Tieren gemein hat. Aber die Neigung, diese Tatsache zu negieren oder zu umgehen, ergibt sich aus der Scham, sie anzuerkennen. Am Anfang der menschlichen Gesellschaft wurde die Frau folglich unterworfen, unterdrückt und oft den vom männlichen Gebieter ungestraft verübten Gewalttaten ausgesetzt.

Doch die Welt hat sich weiterentwickelt, heute existiert 'Gleichberechtigung', weshalb der Frau die gleichen Rechte und Pflichten des Mannes zuerkannt werden. Möglicherweise hat daher in diesem historischen Augenblick die sexuelle Gewalt mehr als je zuvor zugenommen, eine Art 'super-virile' Erscheinung. Die männliche Sexualität wird also zur Arena, in der Aggression, Grobheit, Überheblichkeit und perverser Sadismus Äußerungsformen einer Macht sind, bei der gerade die Männlichkeit in Zweifel gezogen wird.

Dies ist auch die Zeit der Gewalt – ohne eine hierarchische Wahl der Opfer –, die jeden Aspekt des Alltags der gesamten Gesellschaft gleichermaßen trifft. Sie ist obskure Gewalt mit einer undurchschaubaren Handlung, häufig von Auftragsmördern begangen, die imstande sind, sich hinter falscher Kleinbürgerlichkeit zu verstecken. Es gibt eine potenzielle Menge an Mörderanwärtern und Stiftern des ethischen Todes, die von Geschäftemachern angeworben werden, welche die Welt 'Machtmenschen' nennt und die sich in Wirklichkeit nicht um das Moralgesetz kümmern, sondern die 'Regeln' des eigenen Vorteils pflegen. Sie sind wie die Flöhe in den Nähten einer Hose, sie fühlen sich glücklich, aber wenn die Hose 'gebügelt' wird, gibt es für sie keinen Ausweg.

Dem Individuum, das dem Aufmerksamkeit schenkt, was von ihm abhängt, das vom Himmel nichts erwartet und daher Tag für Tag Fortschritte macht, steht die Person gegenüber, die dagegen das vernachlässigt, was von ihr abhängt und sich vom Himmel alles erwartet.

Mit dem ersten Verhaltenstypus ist das gesamte Leben von Arturo Schwarz als emblematische Botschaft und Wegweiser für uns alle zu verbinden.

Für Arturo Schwarz ist Weisheit die einzige wirkliche Autorität.

Für Platon ist Weisheit eine der vier Kardinaltugenden, gleichwertig mit dem, was die Vorfahren Besonnenheit oder Gelehrtheit nannten. Aristoteles bezeichnet sie als die rechtschaffene Vernunft der benutzbaren Dinge, die also das praktische Leben betrifft, die die Mittel sucht und verwendet, um ein moralisches Leben zu führen. In der Bibel wird sie in verschiedenen Formen erläutert, die zu folgender Synthese zusammengeführt werden können: *Die Gottesfurcht ist der Grundsatz der Weisheit*. In der christlichen Religion ist *Weisheit* eine der sieben Gaben des Heiligen Geistes. Die alten Griechen schrieben der Göttin Minerva die Weisheit zu. Diese wurde durch einen Olivenzweig in der Hand der Göttin mit einer Eule daneben dargestellt. Die Eule ist der Nachtvogel, der das Licht der Sonne nicht erträgt und eine Beziehung zum Mond hat, darin steht sie im Gegensatz zum Adler, der die Sonne mit offenen Augen fixiert. In Bezug auf diesen Gegensatz bestimmt der esoterische französische Schriftsteller René Guénon die *'rationale Erkenntnis'* im reflektierten (Mond-)Licht und die *'intuitive Erkenntnis'* im direkten (Sonnen-)Licht. Wahrscheinlich ist die Eule aus diesem Grund ein Symbol für diejenigen geworden, die das Hellsehen praktizieren. Sie bedeutet Besonnenheit, Stille, Weisheit. Arturo Schwarz ist ein Liebhaber dieses Vogels. Er besitzt eine Sammlung von nachgebildeten Eulen aus unterschiedlichen Materialien und in verschiedenen Größen ... .

„Für den weisen Menschen ist die ganze Erde bewohnbar, weil die Heimat eines exzellenten Geistes das ganze Univerum ist" (Demokrit).

Aber wie wird ein weiser Mensch bestimmt, oder besser noch, wer ist der weise Mensch?

Nach einer indischen Vision ist derjenige weise, der weder Tod, noch Krankheit, noch Schmerz sieht. Was micht betrifft, ist der Weise hingegen derjenige, der wirklich *'sieht'*, das Ganze sieht und imstande ist, es zu erreichen, ohne gezwungen zu werden und ohne jemanden zu zwingen, Gewalt weder mag noch jemals ausübt, weder dominiert noch unterwürfig ist und weder jemals beleidigt ist noch beleidigt.

Ich denke, dass weise Menschen mehrere Qualitäten besitzen: Selbstachtung, gesunder Menschenverstand, Mut, Unabhängigkeit, einen gewissen Sinn für Humor, Offenheit, offene Vision, Spontaneität der Handlungen, Aufrichtigkeit im Denken und Handeln, soziale Verantwortung, absolut demokratische Haltung in den zwischenmenschlichen Beziehungen. Es sind diese Eigenschaften, die es einem erlauben, die eigene Vergangenheit mit Zufriedenheit zu betrachten und der Zukunft ohne jede Furcht zu begegnen. Ganz kurz zusammengefasst müssen weise Menschen eine persönliche Gesundheit besitzen, verstanden sowohl als sozial geäußerte, absolute moralische Integrität als auch als im gesamten Leben ausgedrückte Reife und Ausgeglichenheit. Eine derart beispielhafte Übereinstimmung gehört vollkommen zur Persönlichkeit von Arturo Schwarz, eine ständige Eroberung, die im Laufe seiner gesamten Existenz wie eine eiserne Pyramide errichtet worden ist.

Weisheit wird häufig mit Wissen verwechselt, aber Weisheit gehört zum Bewusstsein, Wissen zur Erkenntnis.

Der Talmud, einer der heiligen Texte des Judaismus, den Schwarz gut kennt, weist am Anfang darauf hin, dass auch derjenige, der ihn von vorne bis hinten gelesen hat, noch nicht begonnen hat, ihn zu verstehen. Es gibt viele Wissen … und so sehr wir auch lesen und studieren mögen, gibt es immer etwas zu lernen. Kein Wissen ist derart festgelegt, dass man sagen kann: Wir haben das Wissen erreicht. Die Kulturen folgen aufeinander und ähneln sich nicht. Das Schreiben oder das Lesen erweitert die Weltsicht, es sind die besten Mittel gegen jede Widrigkeit. Vor allem die Lektüre gehört zu den nützlichsten Beschäftigungen des Menschen. Bücher sind Weggefährten, mit denen man sich auseinandersetzt. Von seinen geliebten Bücher sagt Petrarca: *„Li interrogo e mi rispondono. E parlano e cantano per me. Alcuni mi portano il riso sulle labbra o la consolazione nel cuore. Altri mi insegnano a conoscere me stesso e mi ricordano che i giorni corrono veloci e che la vita fugge via. Chiedono solo un unico premio: avere un libero accesso in casa mia, vivere con me quando tanto pochi sono i miei amici.* [dt. *Ich befrage sie und sie antworten mir. Und sie sprechen und singen für mich. Einige zaubern mir ein Lächeln auf die Lippen oder bringen Trost in mein Herz. Andere bringen mir bei, mich selbst zu verstehen und erinnern mich daran, dass die Tage schnell vergehen und dass das Leben enteilt. Sie verlangen nur eine einzige Belohnung: einen freien Zugang zu meinem Haus zu haben, mit mir zu leben, wenn ich wenige Freunde habe*].*"*

Diese Worte bringen mich zu dem zurück, was ich durch den Umgang mit dem Dichtermenschen Arturo Schwarz verstanden habe, nämlich seine schon von klein auf existierende Liebe für das Schreiben und die überströmende Leidenschaft für die Lektüre, seine Reisebegleiterin. Schreiben und Lesen sind die Quellen der Lebensenergie, die sein gesamtes Leben gekennzeichnet hat. Noch heute, im 'zarten' Alter von 90 Jahren, sind sie ihm wichtig wie die Luft, die er atmet und wie das Blut, das durch seine Adern fließt. Während ich schreibe, sehe ich ihn in seinem Atelier, in dem absolute Stille herrscht, gebeugt über seinem Arbeitstisch und eingetaucht in das Schreiben eines Gedichts ... Wenn ich ihn fragen würde, was für ihn Dichtung wäre, würde er wie Pablo Neruda antworten: *„Ich muss zugeben, dass ich es nicht weiß. Aber wenn sie meine Dichtung fragen, wer ich bin, werden sie es verstehen."*

Jede Handlung von Arturo Schwarz ist Konzentration von Gedanken, die das Ganze scharf umreißen. Und in diesem 'Ganzen' bewegt sich sein Intellekt, angetrieben durch den

Eros, der nicht nur mit der so genannten kalten Wahrheit zu tun hat, wie sie von Platon entwickelt wurde, sondern auch mit 'Assoziation' bei der jede Sache mit Gleichzeitigkeit und Nähe verknüpft ist.

Leider gilt in unserer Gesellschaft die 'Konzentration', die freiwillige und unermüdliche Anstrengung als etwas, zu dem wir uns zwingen. Im Übrigen ist es das, was wir von einer Welt erwarten können, in der viele in neurotischer Weise dazu neigen, zu befehlen, auch sich selbst zu unterwerfen. Aber es gibt die gesunde Konzentration, die, in den äußerst seltenen Fällen, in denen sie auftritt, Attraktion, Interesse genannt wird, an der Seele und Verstand *ganz* beteiligt sind.

In einer immer künstlicheren Welt scheint das Lesen wie verbannt. Das stürmische moderne Leben, in dem Kräfte und Zeit dem Geschäft unterworfen sind, scheint dem Menschen das Lesen nicht zu erlauben. Dazu trägt auch der Wohnraum bei, wo es in den meisten Fällen nur möglich ist, wenige Bücher anzusammeln, weshalb einzig dem Fernsehen die Aufgabe überlassen ist, eine scheinbare Kultur zu stiften.

Als Wert an sich liegt das Lesen der bürgerlichen Entwicklung des Menschen zugrunde. Es ist angebracht, in Erinnerung zu rufen, dass die Gebete der Juden nicht aufgesagt werden – in der Tat halten die Gläubigen in den Synagogen ein Buch in den Händen, das sie lesen, indem sie den eigenen Gott anrufen. In diesem Sinne hat das Lesen an sich für den Juden eine religiöse Bedeutung. Für Schwarz sind seine Lektüren unauslöschlich ins Hirn genagelt so wie der Schmied das Eisen auf den Huf des Pferdes nagelt, und in den Augenblicken größter Schwierigkeiten haben sie ihn, auf die Hoffnung des Lebens zu, an der Hand geführt. Seine reiche 'Bibliothek', die durch das gesamte Haus verläuft, ist die stumme Zeugin seiner Recherchen, und seine Bücher sind die wertvollen Freunde, die ihm nahe stehen, die ihn nie verraten, mit denen er sich unterhält und von denen er die richtigen Antworten bezieht. Eine grenzenlose Liebe also, eine Leidenschaft, die ihn zu jener intellektuellen Erotik führt, die er aktiv zu beherrschen weiß und die ihm jederzeit erlaubt, die Welt und sich selbst vollständig verstehen zu können.

Arturo Schwarz ist auch durch die Liebe zu seiner Frau Linda, die Königin seines Lebens, vollauf zufrieden; sie ist der Grund seiner Ausgeglichenheit und die der anderen. Für Schwarz regelt die Vergangenheit seine Gegenwart im Mut, in der Unabhängigkeit, in der absoluten Freiheit. Als ich zusammen mit ihm war, habe ich nicht nur verstanden, wie er diese wesentlichen Funktionen ausübt, sondern auch, wie er für die Gesellschaft, in der er lebt, noch großzügig seinen wertvollen Beitrag leisten kann.

Weisheit altert nie.

Die Unbestimmtheit des brennenden Wunsches

All unser Wissen ist Interpretation...
daher auf die eine oder andere Weise
hypothetisch... dennoch anwendbar.

Karl Popper

Von allen Themen, die Arturo Schwarz in seinem
Buch 'Sono Ebreo, anche [dt. *Ich bin auch Jude*]' in Angriff
genommen hat, gehört die Gerechtigkeit zu den am stärksten
wahrgenommenen und ausführlichsten behandelten, weil
sie ihm eine gründliche anregende Analyse im Vergleich
zu anderen wichtigen Problemstellungen in ihren
unterschiedlichen ethischen und sozialen Aspekten erlaubt
hat.

Gerechtigkeit (aus dem Lateinischen *iustitia;* das, was
angeordnet worden ist) kann unter zwei Aspekten betrachtet
werden: als 'moralische Hülle des Verstandes', und in diesem
Fall wird sie von Philosophen und Soziologen als wichtigste
soziale Tugend betrachtet, oder als ein angemessenes
Benehmen und in dieser Bedeutung trägt sie den Namen
Strafjustiz, Ziviljustiz, usw.

Die Bedeutung des Begriffs 'gerecht' ist sehr vage. Im
allgemeinen Sprachgebrauch ist es gerecht, dass Verbrechen

bestraft, Vereinbarungen eingehalten, Armen geholfen, Gesetze auf alle soziale Klassen in gleicher Weise angewendet werden. Man sagt auch, dass ein Mensch ungerecht gegen sich selbst ist, wenn er sich zu Ausschweifungen hinreißen lässt und auch, wenn er sich einer psychisch und körperlich stressigen Arbeit aussetzt. Im wissenschaftlichen Denken ist die Gerechtigkeit die höchste Norm sozialen Zusammenlebens, sie regelt die Beziehungen und erkennt die Pflichten und Rechte als Grundlagen der Gesellschaft und der Freiheit jedes Individuums an. *„Gerechtigkeit ist der soziale Spiegel der Freiheit"* (Ermino Juvalta).

Während für die Idealisten das Gerechte und das Ungerechte die Ur-Elemente des Menschen sind, hat sich für die Positivisten *Gerechtigkeit* langsam in der Gesellschaft gebildet und sich mit der Evolution der Menschheit entwickelt. Bei der Urmoral ist es der Anführer, der häufig despotisch anordnet und befiehlt, und noch heute werden Völker auf die gleiche Weise regiert, das heißt, sie sind ohne demokratischen Sinn. Nur wenn die Autorität des Staates und die Demokratie im Gleichschritt voranschreiten, kann es Effizienz und moralische Strenge geben, die zwei Säulen, die es erlauben, dass sich Völker weiterentwickeln, ohne die Autorität des Staates zu schwächen, sondern diese im Interesse von Freiheit und Gerechtigkeit respektieren zu lassen und dauerhaft zu machen.

Da die Demokratie jene Ordnung ist, in der alle gesellschaftlichen und wirtschaftlichen Kräfte in ihrer vollen rechtlichen Entwicklung zum Gemeinwohl beitragen, kann man sie als breite Anwendung der Achtung jener Grundsätze betrachten, die allgemein als gerecht empfunden werden. Es zeigte sich jedoch, dass in Italien nach dem Zweiten Weltkrieg einer derart verstandenen Demokratie, weil der klerikalen Macht unterworfen, leider nicht gefolgt worden ist. Als Kantianerin bin ich überzeugt von der absoluten weltanschaulichen Neutralität des Staates und davon, dass die wahre Religion in der Anerkennung unserer Pflichten gegenüber dem Anderen und unserer Mutter Natur bestehen: Diese meine Position entspricht dem Begriff von Gerechtigkeit.

Die Gerechtigkeit ist langsam aus dem Instinkt der Rücksichtslosigkeit entstanden und hat sich im Laufe der Zeit aufgrund eines gesellschaftlichen Bedürfnisses gebildet. In der Urgesellschaft wehrte sich jedes Individuum mit Rachegelüsten gegen andere. Zu Zeiten Homers wurde Tötung als Privatsache angesehen, weshalb die öffenliche Moral nicht eingriff. Mit der sich entwickelnden Gesellschaft hat die Autorität individuelle Auseinandersetzungen verboten und die Aufgabe übernommen, im Auftrag des beleidigten Individuums gegen den Beleidiger vorzugehen. Von individueller Rache hat sich die Reaktion zu einer höheren Form von Gerechtigkeit erhoben, die im Namen eines idealen Prinzips ausgeübt wird, weswegen die Rache, oder individuelle Willkür, zu einer zu verbüßenden und ausschließlich durch die von der gesamten Zivilgesellschaft anerkannte Gewalt zu verhängenden Strafe geworden ist.

Auch die so genannte 'Gerechtigkeit des Talions', die sogar in der alten jüdischen Moral galt (Levit. XXV, 19, 20), verlangte, dass die Ermordung eines Stammesmitglieds durch den Tod des Mörders oder eines beliebigen anderen Mitgliedes seines Stammes entschädigt werden musste. Dies war eine Form von Urgerechtigkeit, jedoch ist mit der Weiterentwicklung des Moralbegriffs von Gleichheit auch der Begriff von Gerechtigkeit perfektioniert worden und zu einer komplexen Vorstellung mit mehreren verknüpften Elementen geworden. Das Recht, zu bestrafen, verwandelt sich im Bewusstsein der Menschen in abstrakte Justiz, und es setzt sich auch die Verwaltungsgerichtsbarkeit mit verschiedenen spezifischen Kammern durch.

Um über die Realitäten unserer heutigen Zeit nachzudenken, ist daran zu erinnern, dass es vermutlich an den historischen Gewalttaten liegt, die das jüdische Volk über die Jahrhunderte hinweg hinnehmen musste, dass im Herzen jedes Juden Gerechtigkeit als Eckpfeiler sowohl der Ethik als auch als existentielle Wahrheit regiert.

Meine direkte Kenntnis von Arturo Schwarz und die Lektüre seiner Schriften haben mir deutlich gemacht, was Gerechtigkeit für einen Juden bedeutet. Ich glaube verstanden zu haben, dass Juden großen Respekt vor dem Einzelnen in der Kollektivität haben, genauer gesagt, dass die Gemeinschaft auf der Unabhängigkeit des Einzelnen gründet, um anzuspornen und zu helfen, ohne die Grenzen des Erlaubten zu überschreiten oder zu konditionieren. Das wesentliche Element, das das jüdische Volk vereint, ist daher das Gefühl, zueinander zu gehören und für die anderen und mit den anderen zu handeln.

Die Juden haben ein System, das auf Prinzipien gründet, die auf unveränderlichen Tatsachen beruhen, und das in perfektem Einklang mit der Geschichte ihrer Vorfahren, den historischen Texten und der Natur steht. Es ist ein System, in dem die Hilfe des einen durch den anderen gewährleistet ist. Wir können sagen, dass jene menschlichen Grundsätze bereits in ihrer DNA liegen, die imstande sind, Liebe, Wohlstand, Gleichheit zu erzeugen und Elend, Hass, Neid und jede gesellschaftliche Auseinandersetzung aus der Welt zu schaffen. Diese Prinzipien sind derart tief im jüdischen Bewusstsein verwurzelt, dass sie zu einem außergewöhnlichen Gemeinsinn werden. Ich kann sagen, dass viele meiner besten Freunde Juden waren und sind, und sie besitzen alle ein großes spirituelles Erbe, die Freiheit. Es ist jene Freiheit, die sich auf Mut, Großzügigkeit und Weisheit und einer Totalität von Gefühlen gründet, denen der wahre Sinn von Gerechtigkeit entspricht.

In Bezug auf die Gerechtigkeit entsteht auch die schwierige Problematik der Verzeihung. Gemäß dem elementarsten Ausgeglichenheits- und Gerechtigkeitssinn ist für Schwarz ausschließlich das Opfer die einzige Person, die zu verzeihen in der Lage ist. Um diese Auffassung besser zu verstehen, gebe ich aus seinem Buch '*Sono ebreo, anche* [dt. *Ich bin auch Jude*]' folgende chassidische Geschichte wieder: „*In demselben Abteil eines Zuges reiste ein alter Jude, bescheiden gekleidet, in die Lektüre und in seine Gedanken versunken, und ein aufdringlicher und liederlicher Bursche, der während der Reise vergeblich versuchte, den Alten abzulenken und in ein flüchtiges Gespräch zu verwickeln. Von der Selbstbeherrschung des Alten zur Verzweiflung gebracht, der auf seine Aufforderungen – die bald zu Provokationen wurden – nicht reagierte, erteilte der junge Mann dem Alten gegen Ende der Reise eine Ohrfeige. Am Zielort angekommen, sah der junge Mann eine riesige Menschenmenge mit Wimpeln mit der Aufschrift: 'Herzlich Willkommen unserem* tzaddiq'. *Er bemerkte in dem Augenblick, dass der Alte, den er geohrfeigt hatte, ausgerechnet das Oberhaupt der Gemeinschaft war, die ihn triumphierend empfing. Verzweifelt, ihn derart schwer beleidigt zu haben, begab er sich jeden Tag und über Monate hinweg vergeblich zum Wohnsitz des Weisen, um um Verzeihung zu bitten. Angesichts der wiederholten Reuebekundungen des jungen Mannes sagte ihm der* tzaddiq: *'Wenn du dich verzeihen lassen willst, musst du dich nicht bei mir entschuldigen, sondern beim Alten, den du im Zug geohrfeigt hast*".

In dieser unserer kranken Gesellschaft über Gerechtigkeit zu sprechen, mag geradezu anachronistisch erscheinen. In einer vollkommen globalisierten Welt ist es unmöglich, die notwendige Sicherheit zu erreichen, geschweige denn, sie im Inneren eines einzigen Landes oder einer einzigen Gruppe von Ländern nur mit deren Mitteln, das heißt, absehend von dem, was im Rest der Welt geschieht, gewährleisten zu können. Selbstverständlich ist Gerechtigkeit, als Vorbedingung für einen anhaltenden Frieden, im Inneren von einzelnen Ländern zu gewährleisten.

Heutzutage hat der verzweifelte Warenkonsum eine neue psychische Verfassung in der Gesellschaft erzeugt, die in den vielen Facetten des täglichen Lebens durch falsche Genüsse und oft nachdrücklich betonte erotische Annäherungsversuche zum Vorschein kommt, die jenen reichen intellektuellen Austausch schwer einschränken, dessen Maestro Arturo Schwarz ist, der mit den Schriften und den verschiedenen, auf sozialen Beziehungen basierenden Aktivitäten neben wichtigen Kontaminationen von Ideen und Begriffen denkwürdige kreative Spannungen ermöglicht hat.

Es existiert auch eine Literatur, in der Ungewissheiten und Mehrdeutigkeiten häufig gerade den Willen der Autoren verraten. In diesem Zusammenhang bedeutungsvoll ist die allegorische Erzählung des Jainismus über sechs Blinde, von denen jeder einen Elefanten mittels des Körperteils beschreibt, den er durch Ertasten bestimmen konnte. Das Ohr berührend, sagt einer, dass es sich um einen Fächer handelt, den Fuß berührend, behauptet ein anderer, dass es sich um eine Säule handelt, und so weiter. Die Beschreibungen sind widersprüchlich, werden aber wahr, sobald sie nicht mehr getrennt voneinander betrachtet werden. Nur die Realität wird zu einer 'Totalität', die imstande ist, Unterschiede durch Auflösung jeglichen Widerspruchs in signifikanter Weise zu vereinigen.

Der Konformismus der kollektiven Meinungen, die uns die Medien mit dem ununterbrochenen Trommelfeuer aufzwingen, ist eine Manipulation der menschlichen Psyche. Sie ist das Ergebnis der Hegemonie politischer Machtgruppen,

die imstande sind, die wirklichen sozialen Probleme zu
verheimlichen, indem sie sich auf die Eitelkeit des von der
Gier nach dem Haben abhängigen Verstandes stützen.
Sogar die Sehnsucht nach der Vergangenheit ist steril geworden,
weil die menschliche Seele im fortwährenden Verlangen nach
dem Neuen verkümmert und unaufhörlich Spannungen
erzeugt. Dadurch hebt sich jene spirituelle Produktivität auf,
die einzig zur Verbesserung der 'Funktionen' der sozialen
Welt führt und leider mit der oft chaotischen Entwicklung
des städtischen, industriellen und technologischen Lebens
durch das Stärkerwerden der verzweifelten Profitgier um
jeden Preis verschwunden ist.

Die durch den Triumph des Kapitalismus überflüssig
gemachte Masse der Menschen nimmt unaufhörlich
zu und schickt sich mittlerweile an, die administrative
Leistungsfähigkeit des Planeten zu übersteigen. Wir stehen
vor der realistischen Möglichkeit einer kapitalistischen
Modernität, oder besser eines modernen Kapitalismus,
erstickt an seinen eigenen Abfallprodukten, die er weder zu
verwerten noch zu beseitigen in der Lage ist. Dies können wir
von zahlreichen Zeichen entnehmen, vor allem dem rapiden
Anstieg der Toxizität, die sich aus dem massiven versteckten
Handel mit giftigen Abfällen und deren Eingrabung auf
wilden Mülldeponien ergibt.

Heute, wie vor zweitausend Jahren, versperrt die
Abwesenheit von Gerechtigkeit die Straße zum Frieden.
Das, was sich verändert hat, ist, dass Gerechtigkeit zu
einer die ganze Welt betreffenden Frage geworden ist, die
auch in Bezug auf den Fortschritt der technologischen
Informationen bewertet und beurteilt wird. Die wirklichen
Ungerechtigkeiten dieser Epoche bringen uns folglich dazu,
über die Problemstellungen nachzudenken, die die Völker
des gesamten Planeten betreffen. Die Menschheit ist dazu

verurteilt, immer mehr die ökologische Krise zu erleiden, der wahnsinnigen Kriegsbedrohung wehrlos ausgesetzt zu sein, der immer größeren Kluft zwischen reichen und armen Ländern machtlos zuzuschauen, unablässig von Rassenhass, religiösen Kämpfen, Nationalismen, Ausbeutung, Unterdrückung, Folter und der Manipulation von Informationen geplagt zu werden. Ganze Kontinente sind immer noch zur Armut, zur sklavischen Abhängigkeit, zum Hunger, zu Krankheiten, zur Massensterblichkeit verurteilt. Die Investitionen des Großkapitals in den unterentwickelten Ländern dienen eher der Ausbeutung der Rohstoffe und der Bodenschätze, als Hunger, Durst, Tod und Armut zu bekämpfen. Wenn in naher Zukunft nicht damit begonnen wird, den Lebensstandard zwischen sehr fortgeschrittenen und unterentwickelten Ländern wieder auszugleichen, wird ein globaler Klassenkampf die Grundlagen der Zivilisation und der menschlichen Kultur zerstören. Es ist daher unabwendbar, dass die Industrienationen gezwungen werden, den verhängnisvollen Auswirkungen eines auf Ausbeutung beruhenden Wirtschaftssystems zu begegnen. Heute sind diese Nationen immer noch begünstigt, da ein Teil ihres Reichtums gerade aus einem System stammt, dass die Völker der Dritten Welt über alle Maßen schädigt. Es bleibt nur zu wählen zwischen einem schrittweisen Beginn des internationalen Klassenkampfes – mit all seinen Konsequenzen, angesichts der Tatsache, dass Millionen von in Armut gestürzte Menschen immer mehr entschlossen sind, ihre Situation zu verbessern – und dem Beginn einer echten Partnerschaft für das Gemeinwohl, für eine Gerechtigkeit und eine Gleichberechtigung für alle Völker der Welt. In diese Richtung, für eine Verbesserung der bestehenden Gesellschaftssysteme, hat mein Maestro Joseph Beuys sein ganzes Leben lang gewirkt.

Krisen schaden jedoch nicht der Kreativität, die Leidenschaften kommen in jeder sozioökonomischen Lage hervor, besser noch, ich würde sagen, dass gerade in den schwierigsten Augenblicken des Lebens die kulturellen Spannungen dynamischer und die Erregungen intensiver sind. Vermutlich ist die spirituelle Kreativität, aufgrund der ideologischen Konfusion, in der wir leben, durch das Streben nach Gewinn getrübt. Tatsächlich ist vom Design zur Werbung, von der Mode zur Architektur und selbst in der Kochkunst alles ein Streben nach hohen Profiten. Wir können behaupten, dass sich Italien im Hinblick auf andere, sowohl europäische als auch überseeische Länder immer noch einer gewissen Kreativität rühmen darf, aber das Problem ist, Innovationen zu realisieren, um die Produktivität zu steigern.

Natürlich entstehen die kulturellen Spannungen dieser Zeit auch aus Problemen sozialer Ungerechtigkeit, die das schwerwiegende Phänomen der Einwanderung erzeugen, für das Italien, auch aufgrund seiner geographischen Lage, in jeder Hinsicht die Konsequenzen trägt. Die gegenüber diesem komplexen Problem ziemlich gleichgültige Europäische Gemeinschaft hat die moralische Pflicht, sich um den Strom von Frauen, Männern und Kindern zu kümmern, die, um den Massakern ethnischer Kriege zu entrinnen, dem Meer mit veralteten Mitteln entgegentreten, um, auf ein besseres Leben hoffend, an unseren Küsten zu landen.

Um zur Änderung der Mechanismen beizutragen, die der gesellschaftlichen Konstruktion vorstehen, ist es nötig, sich über das vermeintliche Ende der Ideologien, die Beziehungen zwischen individueller und kollektiver Identität, die Bedingungen einer Praxis kritisch Fragen zu stellen, welche unser Leben innerhalb von Logiken eingliedert, die durch globalisierte Kommunikationsprozesse gekennzeichnet sind, welche weder kulturelle Partikularismen noch ethnisch-religiöse Konflikte ausschließen.

Ich frage mich: Besteht die Hoffnung, um endlich allen Bewohnern der Erde eine menschenwürdige Existenz in Freiheit, in Gleichberechtigung, im Geiste der Zusammenarbeit und Brüderlichkeit zu ermöglichen? Diese Hoffnung existiert, aber unter der Bedingung, dass man einen neuen Weg gesellschaftlicher Entwicklung beschreitet, wo jeder Mensch sich die ethischen Pflichten zu eigen macht, auf denen Arturo Schwarz, als Mensch und Dichter, seine Existenz und seinen gesamten Mikrokosmos gegründet hat. Er verkörpert das Beispiel jener Weisheit, die die Ungewissheit weniger furchtbar und die Chance, eine gerechte Gerechtigkeit, eine bessere Welt zu verwirklichen, konkreter macht.

Ein Spaziergang mit der Literatur

Wir können Literatur als die erste und sichtbarste Erscheinungsform menschlicher Gefühle definieren, diejenige, die im Vergleich zu den anderen künstlerischen Ausdrucksformen die einfachste und mit der Natur des Menschen am engsten verknüpfte ist. Im Unterschied zu anderen Künsten, die entwickeltere äußere Erscheinungsformen erforderlich machen, wie zum Beispiel Töne für die Musik und Farben für die Malerei, kann man von der Literatur sagen, dass sie im Einklang mit der intellektuellen und sozialen Evolution des Menschen wächst und sich entwickelt.

Die Literatur im eigentlichen Sinne entsteht in dem historischen Augenblick, in dem sich die ersten Gesellschaften über den gegenseitigen Austausch von Ideen und Gefühlen etablieren, etwas, was sich im ersten Stadium der Existenz des Menschen nicht hätte entfalten können, als dieser, damit beschäftigt, seine eigenen natürlichen Bedürfnisse zu befriedigen, für die Äußerungen der Seele nicht zugänglich war. Die Entwicklung der Literatur konnte daher nur im Gleichschritt mit der Evolution der menschlichen Psyche voranschreiten, und ihr Bildungsprozess erscheint uns wie ein getreuer 'Spiegel' der natürlichen Entfaltung der moralischen und intellektuellen Fähigkeiten des Menschen.

Die Vorstellungskraft oder Fantasie entwickelt sich im Menschen viel eher als jene Form mentaler Reife, die wir Vernunft nennen. Dies können wir täglich bei den ursprünglichen Volksfesten in Anbetracht der berechnenden Abgeklärtheit besonnenerer oder, besser, denkender Personen feststellen. Wir bemerken es noch besser bei Kindern, deren Seele instinktiv von den Erzählungen einer fantastischen Welt fasziniert bleibt. Dieses Stadium würde noch lange Zeit andauern, wenn die gesellschaftlichen Beziehungen und die Erzichung sie nicht in Richtung des Rationalen und der konkreten Dinge führen würden.

Das beachtliche Ausmaß der natürlichen Phänomene beeindruckte die Fantasie des Urmenschen tief, der, außerstande, sie zu erklären, sich vor ihnen zu Boden warf. Das erste menschliche Gefühl nach der instinktiven Zuneigung für den Nachwuchs war folglich das religiöse. Die Dankbarkeit für die Sonne, die erhellt und wärmt, und für den Regen, der den Boden fruchtbar macht, aber auch die von Donner, Blitz und Erdbeben hervorgerufene Angst erschütterten derart den Verstand, dass sie Danksagungen und Gebete an sie richteten. Daraus ergab sich die erste Form von Literatur, die Dichtung, die gerade aus der Großartigkeit der natürlichen Tatsachen hervorgegangen ist und nicht auf deren wirklicher Deutung, sondern auf der erregten Fantasie beruht, die die natürlichen Tatsachen unter unwirklichen Aspekten außerhalb des Natürlichen darstellte.

Für den Urmenschen war das religiöse Gefühl also ein echtes Werk des Verstandes, eine *poiesis* (aus dem Griechischen *póiein*, erschaffen), die später in ihrer äußeren Eigenschaft durch metrische Normen reguliert wurde und sich bei den Zeremonien zu Ehren der Gottheiten mit dem Klang und dem Tanz verbunden hatte. Beispielsweise war die Idee des Lichts in Zeus verkörpert, die der Sonne in

Phoibos (Apollo), Reiz und Schönheit in Aphrodite (Venus), der Handelsaustausch in Hermes (Merkur). Die neuen Empfindungen und Schöpfungen der fortschrittlicheren Geister bedurften daher der Dichtung, welche aus dem rein religiösen Bereich in andere Gebiete eindrang, indem sie die in der Seele erzeugten Eindrücke mit den wichtigsten menschlichen Wechselfällen wie Krieg, Liebe, Sieg, Wissen, usw. auskleidete.

Mit der Evolution des Verstandes hat sich im Menschen die Vernunft entwickelt, das heißt die Fähigkeit, innen zu lesen (*intus legere*), die wahre Essenz sowohl der natürlichen Dinge als auch der menschlichen Ereignisse zu verstehen, ausgedrückt mit einer mehr oder weniger wissenschaftlichen Sprache. Diese Sprache der Realität, der Vernunft ist die Prosa, der *lógos*, wie ihn die Griechen nannten und mit diesem Begriff sowohl die Vernunft als auch die Prosa bezeichneten. Es ist wichtig, zu betonen, dass *póiesis*, das heißt die Sprache der Fantasie, und *lógos*, die Sprache der Vernunft, als rudimentäre Ausdrücke der Begriffe Inspiration und Konzept zu verstehen sind, welche erst später Dichtung beziehungsweise Prosa in der Bedeutung kennzeichnen, die wir heute meinen.

Für die Untersuchung der natürlichen Entwicklung der Literatur ist die Literaturgeschichte des alten griechischen Volkes, das in seiner Kultur aus eigenem Antrieb fast völlig ohne fremde Einflüsse fortgeschritten ist, außerordentlich nützlich. Es ist eine Literatur, die zeigt, wie die ursprüngliche Kultur eines Volkes mit langsamer, aber beständiger Abstufung zum Ausdruck des Grades der Zivilisation der Ideen und der gesellschaftlichen Verhältnisse wird und Strömungen und Gefühle sowohl des öffentlichen als auch des politischen Lebens getreu widerspiegelt. Vorausgesetzt, dass die erste Regierungsform bei allen Völkern die absolute Monarchie

als Inbegriff politischer, militärischer und religiöser Gewalt
gewesen ist, so folgt daraus, dass sich die Volksseele gerade
von der Grandiosität der alten Könige inspirieren lässt. Neben
dem Heimatgefühl und nationalem Stolz erinnert und erzählt
jedes Volk seine bekannten Helden. Und so kam zu der
religiösen Dichtung – dem leidenschaftlichen Ausbruch der
von der Herrlichkeit der äußeren Welt beeindruckten Urseele
– die durch die großartigen narrativen Gedichte und die
berühmten Epen repräsentierte nationale Heldenepik hinzu.
Mit der Herausbildung freierer Regierungsformen
entsteht die Dichtung, die imstande ist, individuelle Ideen,
Leidenschaften und Gefühle auszudrücken. So geht man
im alten Griechenland von der Epik, in der der Sänger in
der objektiven Erzählung der Ereignisse verschwindet,
zur Lyrik über. In der Folgezeit ist das dritte Stadium der
spontanen Literatur durch das Aufblühen der Dramatik
bestimmt, die in sich zwei Elemente, das Epische und das
Lyrische, zusammenfasst und in deren Chorgesang die
gesamte dramatische Handlung auf der Grundlage von
Moralvorstellungen ausgedrückt ist.

Die Evolution des Denkens des Menschen, seine
intellektuellen und moralischen Fähigkeiten sind
einhergegangen mit dem langsamen Sichentwickeln der
Zivilisation. Im Geist des Menschen hat sich ein Zustand des
Nachdenkens über die zahlreichen Ereignisse des Lebens
gebildet, die Notwendigkeit, sich von den Fantastereien
zu entfernen, um in die Realität vorzustoßen. Der Mensch
von Geist hat begonnen, sich in seinen Beziehungen zur
psychischen, physischen und sozialen Welt mit der eigenen
Lebenserfahrung zu beschäftigen. Er hat mit Scharfsinn und
Intellekt danach getrachtet, die Geheimnisse der Natur zu
ergründen und auf der Grundlage der Erfahrung über sein
eigenes 'Sein' nachzudenken, indem er versucht hat, den

Ursprung und die Natur der mentalen Tatsachen zu erfahren, die er in sich und seinesgleichen entdeckte. Er hat auch die politischen Tatsachen und sozialen Ereignisse untersucht, um sie – angetrieben nicht nur vom Interesse, das ihn als Mensch und Bürger mit der Gesellschaft verbindet, sondern auch von der Notwendigkeit und vom Stolz, die politischen Tatsachen seines Landes bekannt zu machen – zu erzählen und zu erklären. Auch von diesem Verhalten bietet uns das alte Griechenland ein eindeutiges Beispiel, wenn die Epik der Geschichtsschreibung Platz macht und aus einem einfachen Nachdenken über isolierte Tatsachen des Zivillebens – das einen großen Anteil in der Lyrik ausmachte – die Philosophie entsteht, die durch das Erforschen der Natur des Kosmos versucht, dessen erste Grundbestandteile (Ionische Schule), die harmonischen Beziehungen zwischen physischer Welt und Moral (Italische Schule) und die Phänome des Gefühls (Eleatische Schule) zu entdecken.

Damit sich der Intellekt des Schriftstellers mit dem Ziel der vollständigen Äußerung der Früchte seiner Überlegung ausbreiten konnte, war eine einfache Darstellungsform erforderlich, eine neue, zu den wirklichen Tatsachen des Lebens passende Gestalt des Gedankens. Grundlage für diese Aufgabe war die Prosa, die, sich weiterentwickelnd, die Redekunst entstehen ließ. Die Prosa entwickelte sich mit dem sozialen Leben, das ebenso schnell anwuchs wie der Wohlstand und die Machtbefugnisse der Staaten, deren öffentliches Leben immer komplexer wurde, während die politischen Beziehungen zu anderen Völkern immer komplizierter wurden.

Abschließend können wir sagen, dass jede spontane Literatur aus der religiösen Lyrik entsteht, dann die Epik und die profane Lyrik umfasst, um danach die zwei Elemente, das erzählende und lyrische, wieder in der Dramatik zu vereinen, die sich in den drei Hauptformen Geschichtsschreibung, Redekunst und Traktat entfaltet. Allerdings entstehen sowohl in der Antike als auch in späteren Zeiten weitere verwandte Literaturgattungen wie das Lehrgedicht, die Epistolographie, die Novelle und der Roman.

Bezüglich der verschiedenen Literaturgattungen können wir dem deutschen Schriftsteller Johann Paul Richter zustimmen, der erklärt, dass die Epik das Ereignis darstellt, welches sich aus der Vergangenheit entwickelt, das Drama die Handlung ist, die sich über und in die Zukunft erstreckt und die Lyrik eine Emotion, die sich in der Gegenwart einschließt.

Dieser 'Spaziergang' erlaubt uns, zu bekräftigen, dass die Dichtung der Äußerung von Gefühlen angehört und sich an das unsichtbare Bild wendet, während gute Prosa Ausdruck von Vorstellungen und Beurteilungen ist: In beiden geht das menschliche Denken auf.

Ich glaube, dass es immer jemanden geben wird, der uns noch etwas mehr zeigen will, als das, was wir schon wissen, der versuchen wird, uns zu erregen, mit seiner Schrift unsere Sensibilität zu erreichen, um uns das Lächeln, die Freude, die schlummernden Wünsche wiederentdecken zu lassen, um unserem Leben neue Kraft und eine süße Hoffnung zu schenken. Und genau auf diese Weise kann jeder das Echo der stummen Worte in Freiheit verstehen und ihm lauschen.

Malerei und Literatur vergleichend, schreibt der französische Maler Jean Dubuffet: „*Literatur ist gegenüber der Malerei hundert Jahre zurück. Es genügt, ein Bild von heute mit einem Bild von Raffaello zu vergleichen und dann eine Seite von Sartre mit einer Seite von Diderot, und ihr werdet verstehen, was ich sagen will*".

Schrift und Lektüre stützen sich gegenseitig, sie sind der 'Spiegel' unserer selbst, dessen, was wir sind und zu sein wünschen. Wenn wir an den Roman denken, können wir über das nachdenken, was der Autor uns mit seiner Vorstellung von Literatur tatsächlich hat mitteilen wollen. Zum Beispiel hat sich Cervantes gefragt, was das Abenteuer ist, Richardson hat das geheime Leben der Gefühle enthüllt, Balzac hat entdeckt, wie der Mensch tief in der Geschichte verwurzelt ist, Flaubert hat die unbekannten Größen des Alltags erforscht, Tolstoj hat das Eingreifen des Rationalen in das Verhalten des Menschen untersucht, Proust hat den nicht fassbaren gegenwärtigen Augenblick erforscht, Mann hat die Rolle der Mythen beleuchtet, die aus der Ferne unsere Schritte lenken, Kafka hat sich gefragt, welche Möglichkeiten der Mensch in einer Welt besitzt, die seine Freiheit ausgelöscht hat, und wir könnten noch damit fortfahren, weitere Schriftsteller anzuführen. Alle diese Menschen von Geist haben sich mit dem Leben ihrer Zeit beschäftigt, indem sie die Welt unter ihren verschiedenen Gesichtspunkten beschnuppert, befragt, untersucht haben, uns dadurch den Verstand hin zu neuen Horizonten geöffnet und uns gelehrt haben, zu begreifen, wie man versteht, lernt, wächst.

Ein Buch lesen ist wie einen 'Samen' in fruchtbaren Boden pflanzen, einen Samen, der wächst und sich in unserem Verstand Tag für Tag entwickelt. Das Lesen wird in unserem Alltagsleben zu einem fast natürlichen Bedürfnis und ist imstande, jene Kraft zu erzeugen, die notwendig ist, um die Banalitäten des Lebens, die Einsamkeit, die Missbräuche zu überwinden. Und es sind gerade die Lektüren, die wir ausgewählt, die unsere Persönlichkeit geformt und uns eine Lebens- und auch Schreibweise durch eine Art Transubstantiation kreativer Energie bewusst gemacht haben, welche im Verstand, im Herzen, im Gedanken Zuflucht findet, um sich tendenziell auf natürliche Weise und mit der maximalen Kohärenz auf einer höheren Ebene auszubreiten.

Leider sind Zeit und Kräfte in dem stürmischen Leben der Gegenwart alle in der Arbeit gebunden, der Gier nach dem Haben, dem Getöse der Medien, den gesellschaftlichen Unterhaltungsmöglichkeiten und dem unterworfen, was ausreicht, um Befriedigungen einer scheinbaren Kultur zu verschaffen. Dies hat das Sichherausbilden einer obsoleten Klasse alleswissender Typen erlaubt, '*maestri del nulla* [dt. *Lehrmeister des Nichts*]', die Sachen und Tatsachen verzerrt darstellen und oberflächliche Informationen verbreiten, die für sie selbst und das Allgemeinwohl oft schädlich sind. Und so, wie Ideen, die Schöpfungen des Denkens, sich immer in ein Buch verwandeln müssen, wird der Mensch immer Bedarf haben, zu lesen, mehr zu wissen: Lesen ist wie ein ständiges Reisen.

Wir können uns also fragen, was in einem Menschen die Intelligenz ist, wenn nicht eine angeborene und allumfassende Fähigkeit zu verstehen, die jedoch einen organisatorischen Aufnahmeprozess, der vom Neuen zum Alten verläuft, und eine Anpassung des Alten an das Neue voraussetzt. Der Schweizer Psychologe Jean Piaget schreibt: „*Zu sagen, dass die Intelligenz ein besonderer Fall biologischer Anpassung ist, heißt anzunehmen, dass sie im Wesentlichen eine Organisation ist, deren Funktion darin besteht, das Universum so zu strukturieren wie der Organismus die Umwelt strukturiert*". Dies gilt für Arturo Schwarz, der die Fähigkeit besessen hat, komplexe und originelle intellektuelle Aktivitäten zu ergreifen und zu organisieren, welche Konzentrierung von Energie, Opfer und Widerstand gegen emotionale Kräfte verlangt haben. Ein Nonkonformist, der Mensch Schwarz, der sich das ganze Leben lang darum gekümmert hat, mit jedem Mittel das zu tun, woran er immer geglaubt und wofür er immer gekämpft hat, nämlich eine auf Gleichstellung und einem weit verbreiteten, qualifizierten Wissen basierende Welt.

Wir können uns vorstellen, was für den jungen Schwarz die den Spielen seiner Spielkameraden vorgezogene Lektüre, die Einsamkeit seines Zimmers gewesen ist, in dem er, wie das Kind im Märchen, das dem Kaiser dessen Nacktheit offenbart, liest und den weißen Blättern das anvertraut, was ihm sein Herz diktiert, die Träume, die Fantasien. Seine intellektuelle Vornehmheit hat sich Tag für Tag durch zusammenfassende Formen derjenigen entwickelt, die vor ihm neben der täglichen Realität jene gedruckten Seiten belebt hatten. Der einzige Weg, zu erfahren, wer wir sind, ist, die Zukunft durch die Vergangenheit aufzubauen. Es ist das, was Arturo Schwarz immer getan hat. Und dennoch handeln viele Leute so, als wenn die Vergangenheit von keinerlei Bedeutung wäre. Es ist offenkundig, dass Schwarz im Unbewussten schon seit damals die Haltung des Weisen lebte, das Bedürfnis nach Lektüre, nach eingehender Erarbeitung der verschiedenen Wissen verstand und wahrnahm, indem er sich selbst wie ein Ehrenmann in ein von Schamgefühl, Bescheidenheit und Ethos beherrschtes Verhalten stürzte. Als Weiser befand sich das Zauberwort in seinen Schriften immer zwischen Gedanke und Handlung. Im Laufe der Zeit hat er sich wie ein *'palombaro del pensiero* [dt. *Taucher des Denkens*]*'* immer mehr in die Lektüren der Vergangenheit vertieft, ohne jemals seine feine und instinktive, transzendentale und stoffliche Dichtung aufzugeben: eine von Stille bewohnte Dichtung, begleitet von seiner persönlichen Lyrik, vom Zauber des Mysteriums.

Schwarz hat in jeder Lage, in der er sich befunden hat, immer ergründet, ausgearbeitet, erschaffen, ohne sich den Widrigkeiten zu ergeben, denjenigen der ersten Anstellung, des Verlagshauses, der Veröffentlichung seiner atypischen Bücher, der Galerie in schwierigen Zeiten, ohne jemals, wie seine Surrealistenfreunde sagten, 'die Flagge einzuholen'. Sein Leben ist durch zwei Wege gekennzeichnet gewesen, den der Freiheit, den er so sehr vergeistigt hatte, dass er das Leben riskierte, und den einer beständigen starken Leidenschaft für eine kulturelle Wiedergeburt. Das Papier und der Stift werden ihn während seines ganzen Abenteuers treu begleiten. Tapfere Taten und Entwicklungshandlungen, rationales und spirituelles Ergebnis.

Die Schriften, die Schwarz in seinem Leben gelesen und verfasst hat, sind heute in seiner besonderen Bibliothek wie 'Konfektionskleidung' nur für diejenigen sorgfältig aufbewahrt, die seine 'Größe' besitzen ... nicht für die Nachtmenschen, Fetischisten des Nichts.

Arturo Schwarz ist ein Revolutionär im Beuys'schen Sinne – '*Wir Sind Die Revolution*', das heißt '*Wir sind die Evolution*', und nur wenn es uns gelingt, uns zu entwickeln, können wir die Welt verstehen und ihr helfen. Ein Leben, das seinige, als '*Wünschelrutengänger der Spiritualität*' gelebt, das die Quelle eines an Dichtung, Büchern und ethischen Handlungen reichen, einzigartigen Wissens war und ist: ein herrlicher Spaziergang mit der Literatur.

An der Grenze zwischen Ethik und Moral

Die Ethik (aus dem Griechischen *éthos*) ist der Bereich der Philosophie, der die Moralität untersucht, vor allem die Arten des Denkens, von denen das menschliche Verhalten gesteuert wird und von denen es bewertet werden kann. Der Begriff 'ethisch' wurde von Aristoteles eingeführt, um eine besondere Tugendklasse zu bezeichnen, folglich ist es die Wissenschaft von den Sitten, sofern man mit Sitte sowohl eine spezielle und eigene Verhaltensnorm als auch die Wiederholung von Handlungen versteht. Der Mensch, wie ihn Aristoteles definiert hat, ist ein politisches Tier, also gesellig. Das Zusammenleben von Menschen ist daher natürlich, es entsteht als Anpassung und setzt sich als Bedürfnis zur Erhaltung der Art durch.

Der Mensch ist moralisch, weil gesellig, deshalb ist die Moral die erste Grundlage in der Gesellschaft. Zu den Bedeutungen des Wortes *éthos* zählt auch die von Heimstatt, nicht als physische Umwelt, sondern als soziale Umwelt, daher kann man *éthos* als Übereinstimmung des Verhaltens begreifen, verstanden als Gesamtheit von Tatsachen, wodurch ein Volk seine eigene Natur zeigt. In der Tat definiert der Philosoph Roberto Ardigò Moral als *'die Wissenschaft, die die ethische Haltung des Menschen und seine individuelle Tugend zum Gegenstand hat'*. In seiner spezifischen Haltung gegenüber

der Ethik ist der Mensch in der Beziehung zur sozialen Gruppe zu sehen, der er angehört, die sich aber auf die gesamte Menschheit erstrecken kann. Zusammengefasst ist die Haltung zur Ethik als individuelle Tugend eine dem Verhalten einer bestimmten sozialen Gruppe entsprechende Handlung.

Zum Verhältnis zwischen Ethik und Moral äußert sich klar der österreichische Schriftsteller Robert Musil in seinem unvollendet gebliebenen Roman *Der Mann ohne Eigenschaften*, in dem für die Hauptfigur Ulrich *„die Moral im gewöhnlichen Sinn nicht mehr ist als die Altersform eines Kräftesystems, das nicht ohne Verlust an ethischer Kraft mit ihr verwechselt werden darf".* Es ist daher notwendig, eine scharfe Trennung zwischen Ethik und Moral vorzunehmen.

Jenseits der Vision und der Gewissheit umreißt Ethik die Struktur der Äußerlichkeit als solche, während Moral kein Zweig der Philosophie ist, sondern die primäre Philosophie des Menschen. Seit frühester Zeit hing Moral in der Tat eng mit der Metaphysik zusammen. Man kann daher sagen, dass Moral einen Universalitätssinn besitzt, da sie in reinster Form im menschlichen Geist als Grundsatz vorhanden ist, der in Bezug auf die Orte und verschiedenen Epochen unterschiedliche Namen trägt und insofern nichts mit Gott zu tun hat, als er diesem vorausgeht.

Moral hat sich seit jeher in Stellung gebracht, das Gute zu bestimmen, indem sie es als höchstes Prinzip betrachtet, aus dem die Verhaltensregeln des Menschen für die verschiedenen Wechselfälle des Lebens abzuleiten sind. Daraus ergibt sich ein wichtige Frage: Gibt es eine Regel des Guten und des Bösen?

Es fällt schwer, eine Antwort darauf zu geben. Was mich betrifft, ist die Antwort einfach: „Ich versuche jeden Abend unbeschwert zu Bett zu gehen ". Aber soweit ich aus

den Büchern der Gelehrten erfahren habe, gibt es viele
Antworten:
  – der in der Bibel ausgedrückte Wille Gottes (Theorien
der Heiligen Ambrosius und Augustinus und der
Scholastiker);
  – das Ermessen der Regierung, das für absolut
unverantwortlich gehalten wird (Theorie des englischen
Philosophen Thomas Hobbes);
  – eine absolute und ewige universelle, unveränderliche
Vernunft, die uns zeigt, die rational notwendigen moralischen
Wahrheiten zu sein wie es geometrische Wahrheiten sind
(Theorie des englischen Philosophen Ralph Cudworth);
  – der für ursprünglich und unerschütterlich gehaltene
moralische Sinn, der uns mit der sicheren Norm ausstattet,
mit der wir über Moralität oder Unmoralität unserer Affekte
und Handlungen urteilen können (Theorie der englischen
Philosophen des Sentimentalismus des 18. Jahrhunderts);
  – das von einigen modernen Utilitaristen akzeptierte und
behauptete individuelle Interesse (Theorie des französischen
Philosophen Claude Adrien Helvétius);
  – der gesellschaftliche Nutzen oder die wahrscheinlichen
Folgen, die die individuellen Handlungen auf das kollektive
Verhalten haben können (Theorie des englischen
Rechtsphilosophen Jeremy Bentham);
  – der Grundsatz der Pflicht, den die Vernunft dem
Menschen mit einem kategorischen Imperativ verleiht:
bei Handlungen immer einer Maxime folgen, die allen
intelligenten und freien Menschen als allgemeines Gesetz
dienen kann (Theorie von Immanuel Kant, in Italien gefolgt
vom Philosophen Pasquale Galluppi);
  – das Ideal, das sich gegenüber dem Willen des Menschen
absolut durchsetzt und seine egoistischen Neigungen
beherrscht. Diese sozialen Idealitäten entstehen und entfalten

sich stufenweise in dem Maße, wie man dazu gelangt, den Wert und die Notwendigkeit eines 'Moralgesetzes' anzuerkennen, wonach die Menschen nicht nur vermeiden sollten, Böses anzutun, sondern ihr eigenes Wohl zum Wohle anderer opfern sollten. Der führende Vertreter dieser Theorie (genannt 'der Evolutionisten') ist der italienische Philosoph Roberto Ardigò.

In den modernen Zeiten gilt die Moral als Naturwissenschaft, welche, wie andere Wissenschaften, über eine Methode verfügt, die sich auf die Leuchten der Erfahrung stützt und von Autorität befreit ist. Es ist wichtig, hervorzuheben, dass die Vorherrschaft der Moral dazu tendiert, sich mit der Entwicklung der Menschheit auszuweiten. Mit anderen Worten dehnt sich das moralische Urteil auf neue Kategorien von Handlungen aus. Daher hofft man, dass der Mensch besser werden kann. Leider ist dies eine Illusion, da die ideale Moral nie absolute Moral werden kann. Das Ideal der Vollkommenheit ist in der Erfahrung begründet, und es muss bedacht werden, dass weder die Wirtschaftstätigkeit noch die Politik und am wenigsten die Rechtshandlung moralunabhängig sind.

Die Entwicklung ökonomischer und soziologischer Studien in der heutigen Welt ist zum großen Teil durch moralische Ursachen bedingt, das heißt durch den Wunsch, die Leiden, Ungerechtigkeiten, Übergriffe, Ungleichheiten zu lindern, die die gesamte menschliche Gesellschaft plagen. Aber in Wirklichkeit sieht es in der Gesellschaft, in der wir leben, so aus, als würde man '*auf Godot warten*': das heißt, es ist ein illusorisches Warten. Leider sind wir in diesem historischen Augenblick von Menschen ohne Eigenschaften umgeben, die, ohne jeglichen Sinn für Moral, mit dem Leben anderer spielen und zu Unehrlichkeit und Machtmissbrauch berechtigt sind. Die Folge dieses Verfalls ist ein tiefes, inzwischen planetarisch gewordenes Unbehagen als Konsequenz eines Ungleichgewichts zwischen Moral und wirtschaftlicher Lage. Der chinesische Historiker Sze Ma Chen verwendet folgende Metapher, um uns deutlich zu machen, wie unerlässlich eine angemessene wirtschaftliche Lage ist, um Tugend zu praktizieren: *„Die Getreidespeicher müssen gefüllt sein, bevor die Menschen über Kultur sprechen können. Die Menschen müssen genug Nahrung und warme Kleidung haben, bevor man über Ehre spricht. Jede gute Gewohnheit geht auf Reichtum zurück: sie verschwindet in einem armen Land. So wie der Fisch in einem tiefen See gedeiht und die wilden Tiere den dichten Wald suchen, ist die Moral der Menschheit vom Reichtum bestimmt".* Ich würde eine Anmerkung hinzufügen: Ein Zivilstaat muss seine eigenen Interessen den Bedürfnissen jedes Menschen unterordnen, und die Gleichheit müsste der Ursprung jeder moralischen Handlung, eines harmonischen Vorgehens einer Regierung sein. Nur in diesem Zusammenhang kann man von moralischer Gerechtigkeit sprechen, die, um sich als Musterbeispiel an Freiheit zu behaupten, nur unerbittlich sein kann.

Stets vor diesem Hintergrund ist es auch notwendig, das Gerechte von Gerechtigkeit zu unterscheiden.

Das Gerechte ist das Fundament der Welt, und da es mit Maß ordnet und jedem Ding seinen eigenen Platz zuweist, erfüllt es eine schöpferische und organisatorische und vor allem ausgleichende Funktion wie die einer virtuellen Waage, bei der die beiden perfekt ausgerichteten Waagschalen metaphorisch gesprochen die Negierung der Gegensätze und Kontraste sind und jene Einheit verwirklichen, die der – einen und totalen – Ewigkeit angehört und die Zersplitterung der Zeit ignoriert. Daher nimmt das Gerechte, wie Arturo Schwarz sagt, einen wichtigen Platz in der Bibel ein, denkt und handelt wohl überlegt, ist das Symbol des perfekten Menschen, da es einem 'Ordner' ähnelt, der zuerst in sich und dann um sich herum Ordnung zu bringen weiß. In dieser Hinsicht erhellend ist das Zitat aus dem Talmud, von dem Schwarz einer der wichtigsten Gelehrten ist: *„Gäbe es auch nur einen einzigen Gerechten auf der Erde, er würde genügen, um die Welt zu tragen. Die Funktion des Gerechten steht als Hypostase des gnostischen Denkens, in dessen Rahmen er mit einer glänzenden Säule zu vergleichen ist".*

„Justitia est constans et perpetua voluntas ius suum cuique tribuendi [dt. *Gerechtigkeit ist der beständige und immerwährende Wille, jedem sein Recht zukommen zu lassen]"* (Domitius Ulpianus). Wie der römische Rechtsgelehrte Ulpianus betont, müsste die Gerechtigkeit die erste Tugend der sozialen Einrichtungen, Ausdruck eines beständigen und nie versiegenden Willens sein, jedem das zu geben, was ihm von Rechts wegen zusteht. Eine richtige Gerechtigkeit entspricht einer Wahrheit in einem theoretischen System, das zwar elegant und wirtschaftlich ist, aber abgelehnt oder neu interpretiert werden muss, wenn es nicht wahr ist. Gleiches gilt für Gesetze und Institutionen – ganz egal, wie effizient oder gut durchdacht sie auch sein mögen –, die reformiert oder abgeschafft werden müssen, wenn sie nicht gerecht sind. Aus eigener Erfahrung kann ich sagen, dass es keine irdische Gerechtigkeit gibt, sondern nur die kosmische Gerechtigkeit kann Tatsachen und Dinge in einer Welt ins Gleichgewicht bringen, in der oft die zwielichtigsten und verdorbensten Menschen die Macht der Justiz innehaben.

Stets aus dem Talmud möchte ich gerne eine ironische Definition der Kunst des Regierens wiedergeben: *„Auch wenn die Meere Tinte wären, die Stöcke Schreibfedern, die Himmel Pergament und alle Menschen Schriftgelehrte, würde es nicht ausreichen, die Komplexität der Regierung zu beschreiben".*

Daraus ergeben sich die vielen mit der Ethik verknüpften Probleme. In erster Linie besteht die Neigung, die Grenzen der Ethik mit moralischen Tatsachen und Grundsätzen des Rechts oder rechtlichen Tatsachen durcheinander zu bringen. Das heißt, es existiert ein großer Unterschied zwischen demjenigen, der vom inneren Zwang, und demjenigen, der dagegen vom äußeren Zwang des Bewusstseins ausgeht. Moral muss vor allem Absicht und Willen berücksichtigen, während es Aufgabe des Rechts ist, die äußere Handlung zu bestrafen, die gegen die Freiheit anderer verstößt und sie verletzt.

In diesem Zusammenhang gebe ich, als Beweis für den Ethos, der helfen kann, besser zu verstehen, wer wir sind, folgende Anekdote des portugiesischen Schriftstellers José Maria Eça De Queirós wieder: *„An den äußersten Grenzen Chinas lebt ein Mandarin, der reicher ist als alle Könige, von denen die Märchen oder die Geschichte erzählen. Damit du seine unermesslichen Reichtümer erben kannst, brauchst du nur die Klingel an deiner Seite auf einem Buch läuten. Er wird einen letzten Atemzug aushauchen und zur Leiche werden. Du wirst zu deinen Füßen mehr Gold haben, als du dir vorstellen kannst. Du, der du mich liest und ein sterblicher Mensch bist, wirst du die Klingel läuten?“*.

Moral ist ein tiefreichender Grundsatz der inneren Natur, die keiner Religion angehört und die man nicht ausschließen kann, soweit man sie zu einer Bedingung völliger Aufrichtigkeit erhebt. Nur wenn zwischen Völkern, Menschen, Ethnien und Religionen keinerlei Unterschied besteht, kann jene 'Achtung des Andersartigen' praktiziert werden, von der Schwarz in seinem Buch 'Sono ebreo, anche [dt. *Ich bin auch Jude*]' spricht. Seine Botschaft geht aus von eindeutigen historischen Daten und einer tiefgreifenden Untersuchung alter Texte, von der Bibel bis zum Dichter des 11. Jahrhunderts Ibn Gabriol, vom Talmud bis zu den Stimmen des Philosophen Baruch Spinoza und des Dichters Thomas Stearns Eliot, vom Propheten Malachias über den deutschen Rabbiner Samson Raphael Hirsch bis hin zur *Achtung des anerkannt Andersartigen* in dem berühmten Buch '*La liberazione animale* [dt. *Animal Liberation. Die Befreiung der Tiere*]' (1975) des jüdischen Ethnologen Peter Singer, einem der bedeutendsten Denker der Gegenwart auf dem Gebiet der Ethik, der mit seinen immer im Mittelpunkt der Diskussionen stehenden Thesen den moralischen Sicherheiten des westlichen Menschen einen Riss zugefügt und die alte Moral in die Krise gestürzt hat. Grundlegend ist in der Tat sein Buch '*Ripensare la vita. La vecchia morale non serve più* [dt. *Das Leben überdenken. Die alte Moral ist nicht mehr anwendbar*]' (Il Saggiatore, Mailand 1996), ein Werk, das mit der Behauptung beginnt: „*Nachdem die traditionelle Ethik des Westens 2000 Jahre lang unsere Gedanken und unsere Entscheidungen über Leben und Tod geregelt hat, ist sie dem Zusammenbruch entgegengegangen*". Singer behandelt Themen von großer Bedeutung und Aktualität wie Euthanasie, Abtreibung, künstliche Befruchtung außerhalb von religiösen, moralistischen Bedenken und von Gesetzen, die sich zum rechtmäßigen Verhalten von Menschen und den Fortschritten der gegenwärtigen medizinischen Praxis im Widerspruch befinden. Auch die Kenntnis von Singer verdanke ich Arturo Schwarz, für mich einer der wichtigsten 'Maestri di Vita' und scharfsinniger Gelehrte des Talmud. Ich denke, dass es notwendig ist, gerade bei diesem Thema zu bleiben, um das Denken von Arturo Schwarz im Verhältnis zum Judentum besser zu verstehen.

Um mehr darüber zu erfahren

'Talmud' bedeutet Belehrung. Der Talmud ist mit der Bibel das große Buch des Judentums, das ihn als mündliche Tora betrachtet, die Moses auf dem Sinai offenbart und von Generation zu Generation bis zur römischen Eroberung mündlich überliefert worden ist. Er wurde erst schriftlich festgehalten, als die Juden mit der Zerstörung des Zweiten Tempels befürchteten, dass die religiösen Grundlagen Isreals verschwinden würden.

Der Talmud besteht aus einer Sammlung von Diskussionen zwischen Gelehrten (Chamamim) und Meistern (Rabbiner) bezüglich der Bedeutungen und Anwendungen der Textstellen der Tora. Er ist in zwei Teile gegliedert: die Mischna (Wiederholung), die die Diskussionen der ältesten Meister versammelt und bis ins 2. Jahrhundert n. Chr. reicht, und die Gemara (Vollendung), die einen analytischen Kommentar der Mischna liefert (und zwischen dem 2. und 5. Jahrhundert abgefasst wurde).

Die Tora umfasst die ersten fünf Bücher der Bibel (Pentateuch), die die schriftliche Tora und die mündliche Tora bilden, welche den Talmud hervorgebracht hat. In der jüdischen Tradition kann die schriftliche Tora nicht ohne die mündliche Tora angewendet werden.

Im Jahre 587 v. Chr. zerstörten die Babylonier den Tempel

von Salomon, und das jüdische Volk wurde nach Babylonien
verschleppt. Um jüdisches Leben im Exil aufrechtzuerhalten
und aufgrund des Fehlens des Jerusalemer Tempels wurde
das Werk der Schriftgelehrten (Soferim), Gründer der
Synagoge, Ausleger der schriftlichen Tora und Meister der
mündlichen Tora, notwendig.

Nach der Rückkehr aus Babylonien stellten die drei
letzten Propheten Aggäus, Zacharias und Malachias, der
Schriftgelehrte Esra und danach die Männer der Großen
Synagoge die Übermittlung der mündlichen Tradition sicher,
die später über die Pharisäer (die Meister des Talmud) und
die großen Schulen (Yeshivot) verlief.

Angesichts neuer Situationen und Uneinigkeiten zwischen
den Schulen wurde es notwendig, der schriftlichen und
mündlichen Tora die praktischen Entscheidungen zu
entnehmen. Dies war die Arbeit von Rabbinern und der
71 Mitglieder des Sanhedrin (der Hohe Rat). Späterhin
veranlassten die Verfolgungen und die Notwendigkeit,
der Zerstörung des Zweiten Tempels (70 n. Chr.) und der
jüdischen Diaspora Rechnung zu tragen, den Rabbi Akiba
und danach den Rabbi Meir dazu, die Aufzeichnungen ihrer
Schüler zu sammeln und zu klassifizieren. Zu Beginn des 3.
Jahrhunderts ordnete sie der Rabbi Jehudah, auch der Heilige
genannt, in 63 Traktate, gruppiert in sechs Ordnungen, deren
Gesamtheit die Mischna (zu wiederholende Unterweisung),
Kompendium der mündlichen Tora bildet, dazu bestimmt,
auswendig gelernt zu werden.

Vom Talmud gibt es zwei verschiedene Versionen:
der Jerusalemer Talmud (Talmud Jeruschalmi), verfasst
zwischen dem 4. und 6. Jahrhundert im Lande Israels, und
der Babylonische Talmud (Talmud Bavli), verfasst zwischen
dem 5. und 7. Jahrhundert in Babylonien. Der auf Aramäisch
geschriebene Babylonische Talmud wurde anfangs von Rav

Aschi zusammengestellt und von Rabina abgeschlossen, beide Leiter der berühmten Jeschiwa in Sura. Die Meister der Mischna werden Tannaim (Lehrer) genannt. Die Meister der Gemara akzeptierten nur die Bezeichnung Amoräer (Interpreten). Diejenigen, die den endgültigen Text verfassten, betrachteten sich schlicht als Saboräer (Schaffende). Viele dieser bekannten Rabbiner waren im Handwerk tätig.

Die Botschaft des Talmud erscheint in zwei Formen: die Form der Halacha (Zu folgender Weg), die die gesetzlichen Vorschriften betrifft, und die der Aggada (Erzählung), die hingegen aus Fantasieerzählungen und Parabeln besteht, welche häufig an die Evangelien erinnern. Das Ganze bildet ein Kompendium allen damaligen Wissens (Mathematik, Medizin, Astronomie, usw.).

Es ist wichtig, darauf hinzuweisen, dass die jüdischen Gemeinden im Mittelalter Schikanen, Verfolgungen und ökonomischer Ausbeutung ausgesetzt waren. In christlichen Kreisen nie bekannt gewesen, ist der Talmud sehr bald zur bevorzugten Zielscheibe geworden. Im Jahre 1240 wurde in Paris die Parodie von einem Prozess eingeleitet, dem die Verbrennung von 24 Wagenladungen mit von Juden beschlagnahmten Abschriften des Talmud folgte. Seitdem und über Jahrhunderte hinweg ist der Talmud an vielen Orten verboten gewesen. So hat sich in der öffentlichen Meinung die Überzeugung festgesetzt, dass der Talmud von 'bösen Dingen, gegen jede Vernunft und jedes Recht' handeln würde, die die Juden verwendeten, um daraus 'Unheil Stiftendes' zu ziehen. Antisemiten haben dieses Thema ausgenutzt, und auch Philosophen des 16. Jahrhunderts hielten den Talmud für eine Sammlung 'lächerlicher Gesetze', obwohl sie die Emanzipation der Juden befürworteten.

In Wirklichkeit hat der Talmud unter Berücksichtigung wissenschaftlicher, ökonomischer und sozialer Daten konkrete Anwendungen erlaubt, und heute gibt es ein wahres Wiederaufleben von Talmudstudien.

Leider sind Ignoranz und Misstrauen trotz sozialen Fortschritts noch nicht gänzlich verschwunden, und teilweise sind Christen dafür verantwortlich. Für ein Umdenken ist es notwendig, die grundlegenden Bücher des Judentums zu kennen und bekannt zu machen, das heißt, das Misstrauen in Interesse umzuwandeln. Dieselben Christen werden bemerken, dass die Treue zur Offenbarung gerade die Handlung des Talmud ist.

Ein weiteres Mal schätze ich mich glücklich, weil die Begegnung mit Arturo Schwarz mir die Möglichkeit gegeben hat, Disziplinen kennenzulernen, die ich nicht kannte, zu verstehen, wie er sein ganzes Leben lang mit jedem Mittel menschliche Werte und den Respekt vor unserer Mutter Natur zum Vorschein gebracht hat.

„Das innere Licht wird auf das äußere Licht treffen" (Platon) nur dann, wenn der Mensch die Grenze beseitigt, die Ethik von Moral trennt.

Mayday … Mayday … Mayday …

Es ist notwendig, eine große Anstrengung zu unternehmen, um den Narzissmus zu Gunsten eines Bewusstseins auszuschließen, das die Kraft besitzt, das steinerne Herz aus dem Körper und das fettige Schmalz aus den Ohren zu lösen, um das Echo hören zu können, das das Geheimnis der Natur und den Ruf des weisen Menschen umgibt.

Zur Belebung des Geistes, den jeder Mensch in sich trägt, muss man Respekt vor unserer Mutter Natur haben. Wir müssen verstehen, was der deutsche Philosoph Friedrich Wilhelm Schelling behauptet: *„Die Natur soll der sichtbare Geist, der Geist die unsichtbare Natur sein. Hier also, in der absoluten*

Identität des Geistes in uns und der Natur 'außer' uns, muß sich das Problem, wie eine Natur außer uns möglich sei, auflösen ".

Jeder Mensch besitzt ein Bewusstsein, und so sehr es auch zertreut und unbestimmt ist, bestimmt es den Platz, den jener Mensch im Kreise anderer Menschen, in der Natur, im Kosmos und schließlich im Verhältnis zwischen Vergangenheit und Gegenwart einnimmt.

Wenn die Gesellschaft ein hartes oder feindliches Erscheinungsbild besitzt, ist dies durch den Menschen bedingt, der, sich als Weltenschöpfer betrachtend, seine tatsächliche Stellung in der Welt verliert. Das dramatische Element ist in Wahrheit, dass der Mensch den Respekt vor der Natur und den Mut verloren hat, welcher als höchsten Wert nicht materiellen Ertrag, sondern Beteiligung, Verständnis und gemeinsame Handlungen unter absoluter Achtung der Unterschiede ermöglicht hat. Einer der Hauptgründe bei der Dynamik des 'torneo della vita [dt. Turnier des Lebens]' ist die Art und Weise, auf die unterschiedlichen Situationen zu reagieren. Im Leistungssport beispielsweise wird das Verhalten durch einen 'gesunden Willen zur Macht' bestimmt. Um dies zu verstehen, müssten wir Rugby spielen, um wie Arturo Schwarz 'S-Bombe' und 'flinker Bär' genannt zu werden.

Was den 'Willen zur Macht' betrifft, ist das Thema 'Respekt vor der Natur' bedeutsam, das von Arturo Schwarz in verschiedenen Essays und insbesondere in seinem Buch 'Sono Ebreo, anche [dt. Ich bin auch Jude]' behandelt worden ist, wo er die Grundsätze nicht nur der jüdischen Tradition hervorhebt. Zuvor möchte ich jedoch daran erinnern, was im Kunstbetrieb mit Joseph Beuys, eine der emblematischsten Persönlichkeiten der Weltkunst nach dem Zweiten Weltkrieg, geschehen ist: ein Bruch mit der traditionellen Kunst und die Voraussicht dessen, was sich dann in den letzten 30 Jahren auf der ganzen Welt ereignet hat.

Zum richtigen Verständnis der Begebenheiten eines präzisen historischen Moments (1972- 1986) ist eine kurze Vorbemerkung geboten.

In den Abruzzen, im kleinen Dorf Bolognano (mit nur 300 Einwohnern), 20 km von Pescara entfernt, hat der deutsche Maestro Joseph Beuys die letzten fünfzehn Jahren seines Lebens gelebt und an der '*Difesa dell'Uomo*' [dt. '*Verteidigung des Menschen*'] und der '*Salvaguardia della Natura*' [*dt.* '*Schutz der Natur*'] gearbeitet. Eine nicht nur ökologische Verteidigung – und in diesem Zusammenhang sei daran erinnert, dass Beuys in Deutschland die Bewegung der Grünen gründete, von der er sich zurückzog, als sie zu einer Partei wurde –, sondern vor allem eine Verteidigung des Menschen, des Individuums, der Kreativität, der menschlichen Werte, Themen, die auf der ganzen Welt aktueller denn je sind.

Beuys hat keine Methode erfunden (wie es dagegen die französischen Impressionisten oder Künstler wie Pollock, Picasso, Duchamp getan haben), aber in seinem ganzen Leben für die Verbesserung der Methoden, die es bereits in der Gesellschaft gab, großherzig gearbeitet, da er die kulturelle, intellektuelle und ethische Krise, die der Mensch im Begriff war durchzumachen, vorzeitig verstand.

Im Jahre 1972 restaurierte Buby Durini - '*il fratello italiano* [dt. *der italienische Bruder*]*'* von Joseph Beuys – ein altes Bauernhaus und stellte es dem deutschen Maestro nebst einem in einer Talebene zwischen dem Fluß Orte und einem großen Canyon voller prähistorischer Höhlen gelegenen Landgut von ungefähr 15 Hektar zur Verfügung. So entstand das Atelier und die berühmte *Piantagione Paradise* [dt. *Paradise-Plantage*], in deren analysiertem und mit Naturdünger gedüngtem Boden Beuys in Erinnerung an die 7000 Eichen in Kassel die *Prima Quercia italiana* [dt. *Erste italienische Eiche*] pflanzte. Von hier aus begann das historische Projekt *Difesa della Natura* [dt. *Verteidigung der Natur*] mit meiner direkten Zusammenarbeit und dem magischen Objektiv meines Mannes, das Beuys selbst in der Welt bekannt machte.

Das Verhältnis zur Natur ist ein beständiges Thema des deutschen Maestro gewesen. Die Liebe zum Land entstand viele Jahre zuvor, als er aufgrund einer starken, durch den Krieg verursachten Depression bei seinen befreundeten Sammlern, den Baronen Hans und Franz Joseph van der Gritten, auf ihrem Gutshof in Kranenburg zu Gast war. Hier begann seine wirkliche Karriere als Künstler, er zeichnete Menschen, Tiere und Pflanzen, Themen, die er in Italien in den letzten fünfzehn Jahren seines Lebens wieder aufnahm, als er auf dem Landwirtschaftsgut der Barone Durini arbeitete. Mit Novalis können wir behaupten, dass „*Willkür und Zufall die Elemente der Harmonie sind*". Aus einer tiefgreifenden Untersuchung als Ergebnis unmittelbarer Erfahrung kann ich sagen, dass die von Beuys in Kranenburg angefertigten Zeichnungen keine 'grafischen Zeichen' waren, sondern ein einziges großes anthropologisches Projekt, das auf italienischem Boden endete.

Am 13. Mai 1984 in Bolognano veranstaltete Beuys die berühmte Diskussion *Difesa della Natura* [dt. *Verteidigung der Natur*], an der Künstler, Umweltschützer, Kritiker, Umweltforscher und Wissenschaftler aus verschiedenen Ländern der Welt teilnahmen. Um zu verstehen, wie Beuys den Respekt vor der Natur förderte, gebe ich den Abschluss seiner Diskussion nach der folgenden Frage des Künstlers Marco Bagnoli wieder: „*Wenn wir denken, uns des Baumes bewusst zu sein, besser noch, vielleicht ist er das Symbol jenes Bewusstseins, dann frage ich Beuys, ist sich dieser Baum unser bewusst? Wenn ja, ist er es, der uns tatsächlich pflanzt, indem er sich unser Bewusstsein aneignet? Und wenn nicht, wird es vielleicht jener tote Gott sein, der in unserem Bewusstsein wiedergeboren wird?*".

Joseph Beuys: *„Ich danke dir sehr, Marco. Ich stimme mit den Worten, die du gesagt hast, vollkommen überein. Indem wir diese Arbeit machen, pflanzen wir Bäume, und die Bäume pflanzen uns, weil wir zueinander gehören und zusammen existieren müssen. Es ist etwas, was im Inneren eines Prozesses geschieht, der sich zur gleichen Zeit in zwei unterschiedliche Richtungen bewegt. Der Baum ist sich daher unser bewusst, so wie wir uns des Baumes bewusst sind. Es ist daher von enormer Bedeutung, dass man versucht, ein Interesse für diese Art von gegenseitiger Abhängigkeit hervorzurufen, zu wecken. Wenn wir vor der Autorität des Baumes, oder vor dem Geist oder vor der Intelligenz des Baumes keinen Respekt haben, werden wir herausfinden, dass die Intelligenz des Baumes derart enorm ist, dass sie ihm zu entscheiden erlaubt, ein Telefongespräch zu führen, um eine Nachricht über die trostlosen Umstände der menschlichen Wesen mitzuteilen. Der Baum wird sein Telefongespräch mit den Tieren, den Bergen, den Vulkanen, den Ozeanen, den Wolken und den Flüssen führen; er wird entscheiden, mit den geologischen Kräften zu sprechen, und wenn die Menschheit scheitert, wird die Natur grausame Rache üben, eine äußerst grausame Rache, die der Ausdruck der Intelligenz der Natur sein wird und ein Versuch, die Menschen durch das Mittel der Gewalt wieder zu Verstand zu bringen. Wenn die Menschen nur in ihrer Dummheit gefangen bleiben können, wenn sie sich weigern, die Intelligenz der Natur zu berücksichtigen, und wenn sie sich weigern, die Fähigkeit zu zeigen, mit der Natur in ein Verhältnis der Zusammenarbeit einzutreten, dann wird die Natur von Gewalt Gebrauch machen, um die Menschen zu zwingen, einen anderen Kurs einzuschlagen. Wir sind an einen Punkt gekommen, an dem wir eine Entscheidung treffen müssen. Entweder tun wir es, oder wir tun es nicht. Und wenn wir es nicht tun, werden wir eine Reihe von riesigen Katastrophen bewältigen müssen, die sich in jedem Winkel der Erde ereignen werden. Die kosmische Intelligenz wird sich gegen die Menschheit richten. Aber jetzt bleibt uns noch für eine gewisse Zeit die Möglichkeit, frei zu einer Entscheidung zu kommen – die*

Entscheidung, einen Weg einzuschlagen, der anders ist, als der,
den wir in der Vergangenheit beschritten haben. Noch können wir
entscheiden, unsere Intelligenz an der der Natur auszurichten. Ich
bin sehr dankbar für die Bemerkungen von Marco Bagnoli, weil er
einen sehr wichtigen Aspekt unseres Problems hat aufwerfen wollen.
Auch wenn sein Gedankengang mystisch scheint, spricht er doch von
der Realität. Es handelt sich sicher nicht um die Art von Realität,
die man gemäß positivistischen und materialistischen Denkweisen
normalerweise unter diesem Wort versteht. Jedes Mal, wenn mir die
Leute von der Realität erzählen, frage ich immer, 'Aber über welche
Art von Realität sprecht ihr? Welche Realität?'. Das ist die Frage."

Nie war Beuys so apokalyptisch … aber er beendete seine
Rede als Optimist, weil er an die Wiederannäherung des
Menschen an dessen Mutter Natur glaubt, darauf hofft: „*Der*
Mensch und die Natur werden mit vereinter Seele eine neue Welt
erschaffen".

Leider hat sich die Hoffnung im Laufe der Jahre als
reine Illusion herausgestellt, und der Mensch hat sich
immer mehr als Herrscher der Welt gefühlt. Denn wenn
wir mit eindeutigen Daten die Umweltkatastrophen und
die entsprechenden Folgen mit Toten und Zerstörungen
untersuchen, die sich in den letzten Jahren auf der Welt
ereignet haben, muss man einräumen, dass sich der Mensch
in seinem Wahnsinn für einen Gott gehalten hat und unsere
Mutter Natur eingeschritten ist, um ihre eigene Überlegenheit
gegenüber den abnormen Systemen der respektlosen Kinder
zu demonstrieren.

Die mechanistische kartesianische Weltanschauung hat
großen Einfluss auf alle unsere Wissenschaften und ganz
allgemein auf das abendländische Denken ausgeübt. Die
Methode, komplexe Phänomene auf Grundelemente zu
reduzieren, ist so tief in unserer Kultur verwurzelt, dass sie oft
mit der wissenschaftlichen Methode schlechthin gleichgesetzt

wurde. Anschauungen, Vorstellungen oder Ideen, die nicht in den Rahmen der klassischen Naturwissenschaft passten, sind nicht ernstgenommen und im Allgemeinen verachtet, wenn nicht lächerlich gemacht worden. Als Folge dieser herrschenden Betonung der reduktionistischen Wissenschaft wurde unsere Kultur mehr und mehr zersplittert und hat zutiefst ungesunde Lebensweisen entwickelt.

Unser 'Empfinden, gesund zu sein', beinhaltet zugleich das Gefühl physischer, psychischer und spiritueller Integrität, des Gleichgewichts zwischen den verschiedenen Komponenten des Organismus und zwischen dem Organismus und seiner Umwelt. Dieses Gefühl für Integrität und Gleichgewicht ist in unserer Kultur verloren gegangen. Die mittlerweile allesdurchdringende mechanistische Weltanschauung hat sich derart ausgebreitet, dass sie den Menschen zu einem starken ethischen und kulturellen Ungleichgewicht geführt hat.

Das übermäßige technologische Wachstum hat eine Umwelt geschaffen, in der das Leben sich physisch und psychisch entwürdigt hat. Verschmutzte Luft, an die Nerven zerrender Lärm, Verkehrsstauungen, chemische Verunreinigungen, schädliche Strahlungen und viele andere Quellen physischen und psychischen Stresses sind für die meisten von uns Teil des Alltags geworden. Aber die Risiken, denen wir ausgesetzt sind, werden nicht nur von technologischen Prozessen hervorgerufen, sie sind integrale Kennzeichen eines von Wachstum und Expansion besessenen Wirtschaftssystems, das ständig bemüht ist, seine Supertechnologie noch zu verstärken, um dadurch die Produktivität, also den Profit, weiter zu steigern.

Abgesehen von den Gesundheitsrisiken gibt es andere Gefahren, die uns in noch weitaus stärkerem Maße treffen werden, denn die sich zersetzende Technologie ist auf dem

Wege, die ökologischen Vorgänge ernsthaft zu stören und in Unordnung zu bringen, die unsere natürliche Umwelt erhalten und die eigentliche Grundlage unserer Existenz bilden. Eine der größten Gefahren, von denen man bis vor kurzem noch praktisch überhaupt nichts wusste, ist die Vergiftung des Wassers durch chemische Abfälle. Ganz genau aus diesen riesigen Mengen an gefährlichen chemischen Abfällen, als Ergebnis der kombinierten Auswirkungen technologischen und wirtschaftlichen Wachstums, ist das dreckigste der Geschäfte entstanden, bei dem es nichts nützt, weitere Ausführungen zu machen.

Die Natur des Bewusstseins

Als menschliche Wesen sind wir in der Lage, unsere Umwelt auf wirksame Art und Weise zu gestalten, Begriffe und Ideen von Menschen zu denken und mitzuteilen, die die Notwendigkeit verspüren, in verschiedenen Formen, von der Musik über die Literatur und Dichtung bis zu den visuellen Künsten, für eine bessere Gesellschaft tätig zu sein.

In unserem Denken und im Kommunizieren sollten wir uns nicht nur mit der Gegenwart beschäftigen, sondern uns auch auf die Vergangenheit beziehen, um die Zukunft zu antizipieren. Wenn der Mensch ein hohes Maß an Autonomie besitzt, welches über das hinausgeht, was jedes andere Lebewesen zu seiner Verfügung haben kann, so ist dies gerade der Entwicklung des abstrakten Denkens, der symbolischen Sprache und den weiteren Fähigkeiten geschuldet, die uns als denkende und zu produktiven Erfahrungen fähige Individuen unsere Empfindungen bewusst machen. Dies ist die Natur des Bewusstseins, die Philosophen, Wissenschaftler und Künstler – beschäftigt mit dem Versuch, den Sinn eingehend zu untersuchen, genauer anzugeben, in dem der Begriff 'Bewusstsein' verwendet wird – immer fasziniert hat und die in der reinsten Form mit dem Universum in Zusammenhang gebracht wird, aber den transpersonalen Erfahrungen angehört, welche einen starken bewussten Bezug zur Realität implizieren.

Genau mit dieser bewussten Natur hat sich Arturo Schwarz in seinem Leben als integraler Bestandteil seines Menschseins immer beschäftigt. Es handelt sich um Selbstbewusstsein, was das Bewusstsein, bewusst zu sein ist, im Sinne von '*totalità della mente* [dt. *Totalität des Verstandes*]' mit seinen unterschiedlichen bewussten und unbewussten Ebenen. Das Leben von Schwarz ist eine beständige bewusste Evolution gewesen, die sich durch Wechselwirkung der inneren Welt mit der äußeren und mit Erfahrungen und kognitiven Prozessen von existenzieller Komplexität entwickelt hat. Zu allem hinzu kommen dann noch seine in poetische Handlungsgerüste übertragenen traumartigen Seelentätigkeiten, die anthropologischen Studien, die künstlerischen Entdeckungen, die Intuition, der Optimismus und vor allem die Selbstlosigkeit, begleitet von jener Bescheidenheit, die nur bedeutende Menschen immer und überall praktizieren. Dieses seltene existenzielle 'Gepäck' hat Arturo Schwarz in ein poetisches Labyrinth in Richtung einer Selbsttranszendenz als mentales Modell seltener kreativer Menschen begleitet, denn je mehr den Tiefen des Verstandes auf den Grund zu gehen versucht wird, umso höher ist die Lebensqualität.

Der positive Ausgang der Kämpfe, die Schwarz in seinem Leben hat aufnehmen müssen, ist zum großen Teil von dem starken Willen einer menschlichen, auf Selbstverwirklichung gestützten Persönlichkeit bestimmt worden. Jener Wille, der nach Spinoza „die Macht ist, zu bestätigen oder zurückzuweisen", wenn Macht eine doppelte Bedeutung besitzt: Fähigkeit und Energie. Schwarz' Grundsätze ergeben sich aus bestimmten, durch tiefgreifende Studien gefestigten Entscheidungen, aus Lebenspraxis und vor allem aus dem eisernen Willen, immer mutig und verantwortungsvoll in Respektierung der Vergangenheit voranzugehen.

Dieser 'Respekt' kommt zutage, als uns Schwarz von der Natur erzählt, die im Judentum im universellen Sinne als mit der Erde identifizierter Ort (*makom*) verstanden wird. Die Verweise sind das Studium des Tanach, das heißt der heiligen Texte des Judentums. Für Juden ist die Erde in ihrer Gesamtheit heilig, sie ist heilige Schöpfung. Sie wird auch emblematisch als das Haus angesehen, welches nicht nur vom Menschen, sondern von allen anderen Lebewesen des Tier- und Pflanzenreichs bewohnt wird. Für den Juden ist diese Welt zu respektieren, und die Existenzvorstellung stützt sich auf eine solidarische harmonische Zusammenarbeit, die es erlaubt, vom Wunsch ergriffen, das Allgemeinwohl zu fördern, unbeschwert zu leben. In den heiligen jüdischen Schriften gibt es Belehrungen, wie die vielen Probleme in Angriff zu nehmen und zu überwinden sind, um ein harmonisches und ziviles Leben zu führen. Aber nicht nur das, sondern sie handeln auch von Ökologie, landwirtschaftlichen Systemen und Umweltschutz auch in spiritueller Hinsicht und davon, wie die Beziehungen zwischen den Lebewesen und ihrem Lebensraum zu erhalten sind. Tatsächlich geht die Spiritualität durch das gesamte jüdische Volk und stützt sich grundlegend auf die Natur des Bewusstseins, auf die Einhaltung der Gesetze und der eigenen Grundsätze.

In seinem Buch '*Sono ebreo anche* [dt. *Ich bin auch Jude*]' über den hellenischen Philosophen Philon von Alexandria sprechend – auch bekannt als Philon der Jude, erster Kommentator der jüdischen biblischen Texte –, betont Schwarz, wie der Respekt des Menschen für die Natur im universellen Sinne als Möglichkeit einer gegenseitigen Einigkeit zu verstehen ist. In der jüdischen Literatur ist die Art und Weise angegeben, viele, heute noch hochaktuelle Thematiken anzugehen. In Respekt vor der Tiefe der

Grundsätze verlangt die Lektüre eine erweiterte Vorstellung, von der zu profitieren ist. Beispielsweise finden wir im Kohelet, veröffentlicht von einem unbekannten Autoren in Judäa (4. oder 3. Jahrhundert v. Chr.), neben wertvollen Ratschlägen darüber, wie unser Leben mit den Rhythmen der Natur zu verbinden ist, die Antwort auf zwei Fragestellungen: „Was nützt es, Gutes oder Böses zu tun, wenn der Tod der einzige Ausgang des Lebens ist? Scheint dann alles vergeblich?". Der Disput zwischen Gut und Böse führt zur Bedeutung der mit dem Werk 'Allegorie der Eitelkeit' des französischen Künstlers Nicolas Régnier verbundenen Wendung '*Vanitas Vanitatum* [dt. *Eitelkeit der Eitelkeiten*]'. Bezüglich Eitelkeit erkennt Schwarz auch in den vielen jüdischen 'Sprichwörtern' eine Weisheit, die in verschiedenen existenziellen Situationen hilfreich ist.

Für meine Sichtweise zitiere ich folgenden Aphorismus: *„Ich war unzufrieden, keine Schuhe zu haben, bis ich einen Menschen ohne Füße gesehen habe"* und teile den von Schwarz angegebenen Aphorismus: *„Verlange vom Faulenzer, sich an der Aktivität der Ameise ein Beispiel zu nehmen"*.

Um unser Dasein zu verstehen, ist es wesentlich, anzuerkennen, dass es wenige grundlegende Entscheidungen in unserem Leben gibt. Wir leben in Zeiten drastischer Veränderungen und schneller Erneuerungen, weshalb gewisse Lebensweisen für die Bedürfnisse von heute nicht geeignet sind, und es ist nutzlos, zu glauben, sie beibehalten zu können. Offensichtlich kann das Neue ohne Vernunft nicht akzeptiert werden, und es macht auch keinen Sinn, alles sofort und auf unüberlegte Weise zu ändern. Treffende Entscheidungen, weise Entschlüsse und ein fester Wille müssen jeder Erneuerung zugrunde liegen, und die bewährten Wege können nicht verlassen werden, ohne neue und bessere gefunden zu haben. Haben wir sie jedoch einmal gefunden, müssen wir den Mut und den Willen haben, sie zu begehen. Davon legt Arturo Schwarz ausführlich Zeugnis ab, um bei allen Erfordernissen des Lebens mit Willensstärke voranzuschreiten.

Bedeutung des Lebens

Dem Leben einen Sinn zu verleihen, ist ein wesentliches Bedürfnis des Menschen. Albert Einstein hat es folgendermaßen knapp und wirkungsvoll ausgedrückt: *„Der Mensch, der sein Leben als sinnlos betrachtet, ist nicht nur unglücklich, sondern auch unwürdig zu leben"*. Möglicherweise ist einigen diese Erklärung zu hart, aber was mich betrifft, teile ich sie völlig. Aus persönlicher Erfahrung, aus unmittelbarer Kenntnis und wegen der tiefen menschlichen Beziehung zur Persönlichkeit der Weltkultur, die Arturo Schwarz ist, kann ich behaupten, dass der Mensch nur durch die Entwicklung seiner inneren Fähigkeiten die Gefahren abwehren kann, die auch vom Verlust der Kontrolle über die wertvollen, ihm zur Verfügung stehenden natürlichen Ressourcen herrühren, wodurch er häufig sogar zum Opfer seiner eigenen Errungenschaften wird.

Das Bewusstsein, wie diese 'Ressourcen' zu nutzen und zu entwickeln sind, kann die Menschheit zur Rettung und zum Überleben führen, nur so kann der Mensch seine eigene Natur verwirklichen; eine Aufgabe, die ihn dazu veranlassen müsste, eindringlich und mit Entschiedenheit die Lebensproblematiken anzugehen, welche dieselben Probleme sind, die auch die äußeren Errungenschaften ermöglichen. Darin ist uns das ganze Leben von Arturo Schwarz ein Vorbild.

In den 'inneren Mächten' – denen Vorrang gegeben werden sollte – steckt wesentlich die enorme, noch nicht verwirklichte Kraft des menschlichen Willens. Man muss sie trainieren und gebrauchen, damit sie die Basis für jedes mögliche Durchsetzen sein kann. Und dies aus zwei Gründen: der erste ist die zentrale Stellung, die der Wille in der Persönlichkeit des Menschen, in der innigen Beziehung zu seinem Ich einnimmt. Der zweite Grund, von dem uns Schwarz durch seine Erfahrungen und intensiv gelebten menschlichen Wechselfälle erzählt, ist, dass der Wille die Funktion hat, uns entscheiden zu lassen, was in jeder Situation des Lebens unter Verwendung der notwendigen Mittel und trotz aller Schwierigkeiten beharrend zu tun ist. Wenn ich die Willensstärke von Arturo Schwarz hinzuziehe, dann weil er sie in seinem ganzen Leben mit unwiderlegbaren Tatsachen bewiesen hat und weil ich es für richtig halte, Theorien und intellektuelle Diskussionen hintanzustellen, um stattdessen die wahre Natur des Willens durch die Realität und die unmittelbare existenzielle Erfahrung zu entdecken.

Die Erfahrung des Willens bildet eine solide Grundlage, einen starken Anstoß, um den Sinn zu verstehen, den wir unserem Leben geben. Man muss zuallererst davon überzeugt sein, dass der Wille existiert, auch das Bewusstsein haben, ihn zu besitzen und vor allem entdecken, dass wir selbst der Wille sind, was etwas vollkommen anderes ist, als 'einen Willen haben'. Wie jede andere Erfahrung ist diese Entdeckung schwer zu beschreiben, und man kann sie nicht vollständig mit Worten mitteilen. Es können nur die 'Wege' angegeben werden, die zu den sie fördernden Bedingungen führen.

Einer dieser Wege ist die Schönheit oder der ästhetische Sinn. Jedes Mal, wenn wir die weißen Gipfel der Berge, einen tropischen Sonnenuntergang, ein Kunstwerk beobachten, der Musik von Bach oder Cage zuhören, die Verse von

Dichtern lesen, entsteht in uns eine Offenbarung, ein inniges Erwachen. Dieser wiedererweckte Sinn für das Schöne wird, selbst wenn er zunächst schwach und unklar sein sollte, dann immer deutlicher, wenn er durch wiederholte Erfahrungen entwickelt, kultiviert, durch Studien zur Kunstgeschichte verfeinert wird, auch wenn Studium und intellektuelle Aufmerksamkeit die Sensibilität, die in uns ist, nie werden ersetzen können, da es ohne Sensibilität weder Entdeckung, geschweige denn Erwachen geben kann. Zum Willen zurückkehrend, entdecken wir diesen in den Momenten der Trostlosigkeit, der Krise und bei persönlichen Tragödien als körperliche und geistige Anstrengung, als Fähigkeit, gegen jedes Hindernis zu kämpfen, als innere Kraft, die imstande ist, uns ein konkretes und erst recht transzendentales Ziel erreichen zu lassen.

Die Erfahrung des Willens kann sich auch auf diskretere, tiefgehendere Weise, in der Stille, durch Lektüren, Schriften, das Studium, in der freiwillig gewählten Einsamkeit oder bei der eingehenden Analyse von Begründungen, Mitteilungen oder ethischen Entscheidungen bilden. In diesen Fällen hört man eine innere Stimme, die uns berät und uns dazu antreibt, auf eine andere Weise zu handeln als nach den üblichen, häufig unsinnigen oder unbedeutenden Impulsen. Sie ist eine innere Erleuchtung, die uns der Realität, einer Gewissheit bewusst werden lässt, die sich auf unwiderstehliche Weise allein erklärt. Es ist unmöglich, sie zu beschreiben oder an andere abzutreten. Man kann lediglich das Glück haben, sie zu besitzen wie einen kostbaren, in uns freiliegenden Schatz, in dem das Ich und der Wille innig verbunden sind. Man kann auch den unermesslichen Wert dieses fruchtbaren Guts verstehen, das imstande ist, unser Selbstbewusstsein, die Haltung gegenüber uns selbst, anderen und der Welt radikal zu verändern, das heißt uns in die Lage zu versetzen, zu wählen, Beziehungen aufzubauen, Veränderungen zu bewirken, unsere Persönlichkeit zu entwickeln. Es ist das Bewusstsein dieser hohen sowohl inneren als auch bei äußeren Handlungen bestehenden Potenzialitäten zur Ausdehnung, das uns zu neuen Visionen führt, uns neue Energien verleiht, uns Sicherheit, Freude und ein Gefühl von absoluter Ganzheit schenkt. Wenn dies geschieht, wachsen Intuitionen, Inspirationen, Ideen, und der Wille wird zu einem Licht des Geistes, wesentlicher Ausdruck jener Freiheit, die dem Leben Sinn verleiht. Es wird daher das Bedürfnis verspürt, immer wir selbst sein zu wollen, die großen Möglichkeiten eines bleibenden Reichtums zu nutzen, wie der Wille einer ist, unfehlbare Stimme und eifrige Gefährtin, die uns die zu treffenden Entscheidungen aufzeigt, indem sie sie aus den üblichen Zusammenhängen herauslöst.

Es muss auch bedacht werden, dass der Wille viele Aspekte hat. Die Kraft ist nur einer von ihnen, und wenn sie nicht mit den positiven Aspekten in Verbindung gebracht wird, kann sie unwirksam oder für uns und andere sogar schädlich sein, was sie oft ist. Eine Person mit starkem Willen und fähig, also imstande, die eigenen natürlichen Gaben maximal zu nutzen, könnte zu Gewalt fähig sein, wenn ihre Handlungen von keinen ethischen Erwägungen oder keinem Gefühl der Liebe oder des Respekts gegenüber anderen geleitet ist, und folglich einen verheerenden Einfluss auf eine andere Person, eine Gemeinschaft oder sogar eine ganze Nation haben: die Geschichte ist voller, von dieser Art von Willen erzeugter Beispiele, von Caligula bis Hitler.

„Das Leben hat nur den einen Sinn: den Vollzug des Lebens selbst." (Eric Fromm).

Der Wille ist auch der grundlegende Ausdruck unserer Freiheit. Das bedeutet, nicht nur das Leben mit ihren persönlichen Ergebnissen, sondern auch das gesellschaftliche Leben in unseren Händen zu haben. Diese innere Handlungsfähigkeit, die die Tyrannen stört, kann die wirksamsten Anstrengungen zur Auferlegung von Zwängen besiegen. Dies meinte Spinoza, als er behauptete, dass „*die Freiheit des Denkens ein natürliches, unveräußerliches Recht ist*". Unser Gehirn ist innerhalb des begrenzten Raumes des Schädels mit der außerordentlichen, außergewöhnlichen Potenzialität ausgestattet, Antworten zu geben, die leider gerade unter dem Banner der Freiheit oft ungerechtfertigt und bösartig sind.

Freier Wille und Willensfreiheit

Philosophen aller Zeiten haben sich mit der menschlichen Freiheit beschäftigt, sowohl mit jener bedingungslosen, die frei von Hindernissen ist, als auch mit derjenigen, die durch vom sozialen Umfeld auferlegte Beschränkungen bedingt ist. Im weitesten Sinne bedeutet Freiheit die Möglichkeit zur Handlungswahl, die auch den Willen einschließt, in dem Sinne, dass er die Begründungen seiner Handlungen bereits in sich trägt. Die so verstandene Freiheit widersetzt sich dem Zwang und nicht der Notwendigkeit. Sie kann absolut, also metaphysisch, oder auch relativ sein.

Die metaphysische Freiheit impliziert eine streng idealistische Auffassung, nach der die äußere Welt als vom Subjekt gesetzt und das mit eigener Handlung ausgestattete Ich als einzige unmittelbare Realität betrachtet wird. Hier treffen wir auf den deutschen Philosophen Johann Gottlieb Fichte, der, von der praktischen Philosophie Kants ausgehend, der einflussreichste Vertreter jener Freiheit gewesen ist. Dagegen hat der von Arturo Schwarz viel geliebte holländische Philosoph Baruch Spinoza jüdischer Herkunft, die Realität in der Gott-Natur suchend, dem Menschen die metaphysische Freiheit abgesprochen. Auch der deutsche Philosoph Arthur Schopenhauer erkennt, von einem anderen Standpunkt ausgehend, wie Fichte eine metaphysische Freiheit an, der

der schottische Philosophen David Hume implizit zustimmt, auch wenn Schopenhauer später in seinen letzten Werken dem psychologischen Determinismus folgt.

Vom metaphysischen Standpunkt aus betrachtet wird Freiheit als Möglichkeit untersucht, aus reinem und unabhängigem individuellen Willen heraus zu entscheiden oder zu handeln. Die Frage, ob der menschliche Wille sich von sich selbst aus bestimmen kann, ob er mit anderen Worten autonom oder durch äußere Kräfte bestimmt, also nicht frei, heteronom ist, ist zu jeder Zeit von vielen berühmten Philosophen diskutiert worden. Grundsätzlich können die auf dieses schwierige Problem gegebenen Lösungen auf drei reduziert werden: den Willen als autonom, daher im Gegensatz zur Zufälligkeit zu betrachten, als heteronom, das heißt dem allgemeingültigen Gesetz der Zufälligkeit unterworfen, und schließlich als besondere Form von Zufälligkeit. Die erste Lösung stimmt mit der Theorie des Indeterminismus überein, die zweite mit der des Determinismus im weitesten Sinne, die dritte mit der des psychologischen Determinismus.

Wie bekannt, ist der Indeterminismus vor allem von Immanuel Kant mit der Behauptung des Freiheitsprinzips vertreten worden. Als Bürger der sinnlich wahrnehmbaren Welt ist der Mensch dem Gesetz der Zufälligkeit unterworfen, aber als intelligenter Bürger ist er frei. Daraus ergeben sich die zwei Postulate der praktischen *Vernunft*: „Gott und die Unsterblichkeit der Seele", die in der *Kritik der reinen Vernunft* unnachweisbar schienen. So ist in die deterministische naturalistische Konzeption ein Element eingeführt worden, das sich auf die nachfolgenden philosophischen Studien ausgewirkt hat. Die modernsten philosophischen Strömungen, vertreten durch die französischen Philosophen Émile Boutroux und Henri Bergson, haben sich auf den Indeterminismus verständigt.

Der psychologische Determinismus wurde vom englischen Philosophen John Locke formuliert und mit geringfügigen Abänderungen von positivistischen Philosophen wie dem Engländer Frank Herbert und dem Italiener Roberto Ardigò übernommen. Das ist seine Theorie: Jede besondere Tätigkeit ist autonom, da sie die Transformation der äußeren Kraft ist, welche durch die besondere Konstitution jedes natürlichen Wesens bedingt wird. Die Autonomie der Pflanze ist das Leben, die der Bestie die Psyche, die des Menschen die Idee, das heißt das Höchstmaß an Autonomie, die, wie Ardigò behauptet, sich in der menschlichen Persönlichkeit verwirklicht, welche den Impuls für die eigenen Handlungen vom aufgeklärten psychischen Bewusstsein bezieht. Ardigò ist daher gegen den freien Willen, ein philosophisch-theologischer Begriff, der bereits von den Atheisten des 18. Jahrhunderts problematisiert und mit der Theologie von Spinoza völlig aus dem determinstischen Pantheismus beseitigt worden ist.

Neben verschiedenen philosophischen Vorstellungen gibt es in einer Gesellschaft mehrere Typologien gesellschaftlicher Freiheit: die des Handels, der Religion, der Arbeit, der Berufe und der Vereinigungen, die individuelle, politische und wirtschaftliche. Alle diese Freiheiten haben genaue Regeln, sie beruhen auf den Rechten und Pflichten gemäß den Ländern, in denen der Mensch lebt. Aus diesem Grund existiert kein besonderer Wille, sondern es folgt die Anerkennung der Vielfalt nach.

Anerkennung der Vielfalt

Der grundlegende philosophisch-begriffliche Exkurs über den Willen und der Aufruf zur Freiheit haben einen klaren Bezug zu Arturo Schwarz, der beim Durchlaufen vieler verschiedener Situationen an jenem 'guten Willen', wesentlicher Ausdruck seiner Freiheit, festhielt, der seinem gesamten Leben Bedeutung und Sinn verliehen hat. Bei Schwarz' psychologischem und menschlichem Fortkommen ist auch der Begriff 'Respekt' von größter Bedeutung, ein Zusatznutzen seines Mensch-Weise-Seins und interaktiver wesentlicher Kern seiner Philosophie, der seinen ganzen historischen Weg als Besitzer des Geistes eines Volkes durchzieht und bekräftigt.

In Wörterbüchern und Enzyklopädien hat das Wort 'Respekt' sowohl in Bezug auf das Verhalten als auch die Haltung des einzelnen Individuums dieselbe Bedeutung, da es vom Bewusstsein der Rechte und Verdienste anderer und vom moralischen und kulturellen Wert des Menschen im Verhältnis zur Natur geprägt ist.

Wir können ganz einfach sagen, dass das Geheimnis der Welt von Arturo Schwarz ein beständiges Feedback im öffentlichen und privaten Verhalten und in seinem intellektuellen Leben gewesen ist. Schwarz hat es immer verstanden, nach vorne zu schauen, indem er die objektive

Realität und die Vergangenheit zueinander in Beziehung gesetzt und dadurch den Höhepunkt eines Gedankenguts erzielt hat, welches wie eine mathematische Studie zu verstehen ist, bei der jeder von uns versuchen kann, die Gleichung zwischen der Gefahr der Selbstvernichtung und einer möglichen sozialen Wiedergeburt zu lösen. Die Lösung des 'Problems' liegt in dem Bewusstsein, dass wir leider nur über eine einzige Erde verfügen und dass wir zusammen leben müssen, deshalb ist es erforderlich, zur Überwindung der Gegenwart in eine Situation einzutreten, die von Intelligenz und nicht von Machthunger Gebrauch macht.

An dieser Stelle halte ich es für interessant, die Antwort von John Cage auf die Frage von David Cope, Komponist und Dozent an der University of California in Santa Cruz, zu geben: *„Was treibt sie an, zu komponieren?"*. Cage antwortete: *„Komponieren entsteht bei mir aus dem Stellen von Fragen"*. Mir fällt eine Anekdote ein, die auf die Zeit zurückgeht, als ich die Kurse von Schönberg besuchte. Er bat uns, an die Tafel zu gehen, um eine bestimmte Kontrapunktaufgabe zu lösen – obwohl es eine Unterichtsstunde in Harmonielehre war – und sagte: *„Wenn ihr die Lösung gefunden habt, dreht euch um und zeigt sie mir"*. So tat ich es, dann sagte er mir: *„Und nun zeige mir bitte eine andere Lösung"*. Ich gab ihm eine andere, dann noch eine und noch eine, bis ich nach der siebten oder achten anhielt, um einen Moment nachzudenken, und mit einer gewissen Sicherheit erklärte ich: *„Es gibt keine weiteren Lösungen."* Und er sagte: *„Gut. Und was ist das Prinzip, das allen Lösungen zugrunde liegt?"*. Ich wusste auf diese Frage nicht zu antworten, hatte den Mann aber immer verehrt, und in jenem Augenblick verehrte ich ihn noch mehr, sofern dies möglich ist, als wenn er sich mir vor meinen Augen erheben würde. Ich habe bis vor kurzem den Rest meines Lebens verlebt, indem ich ihn immer wieder hörte, wie er ständig dieselbe Frage formulierte. Und dann, dank der Richtung, die meine Arbeit genommen hat und die in dem Verzicht auf Entscheidungen besteht, welche durch die Formulierung von Fragen ersetzt worden sind, habe ich verstanden, dass das Prinzip, das allen verschiedenen Lösungen unterliegt, die ich ihm gegeben habe, genau in der Frage bestand, die er gestellt hatte, weil es nichts anderes gab, was mir die Ursache erklären konnte. Ich denke, dass er diese Antwort akzeptiert hätte. Da die Antworten dieselbe Frage gemein hatten, ist folglich genau die 'Frage' das Gemeinsame an den Antworten.

Und nun, am Ende des Rennens, wenn sich die Jahre am Hals bemerkbar machen, die Brüste schlaff sind, die Falten das Gesicht zeichnen und der weiße Bart es umgibt, gibt es nur eine Frage: „*Was hast du aus deinem Leben gemacht?*".

„*Wir haben die Pflicht, der Welt das zu zeigen, was wir in der Lage gewesen sind, in und aus unserem Leben zu machen.*" (Joseph Beuys).

Die psychologische Vitalität der menschlichen Qualität

Wahrscheinlich ist es für die meisten von uns gesund, sich gut zu benehmen, und üblicherweise geht es uns besser, wenn wir ruhig und bei uns sind. Dennoch gibt es Anlässe, in denen die Regeln 'brechen' bedeutet, fähig zu sein, das eigene Gleichgewicht zu stören, um die eigene Persönlichkeit auszudrücken, das Vorhandensein nicht ausgedrückter innerer Ressourcen zu offenbaren. Da wir in der Lage sind, über uns selbst nachzudenken, ist uns bei der Bildung unserer Persönlichkeit wohl oder übel eine künstlerische Aufgabe anvertraut. Aufgrund unserer Natur, intelligente Wesen zu sein, sind wir veranlasst, uns ein Bild von uns selbst zu machen, das kohärent und für uns und andere dauerhaft erkennbar ist. Das Maß an Erfolg dieser unvermeidlichen reflexiven Handlung wird mit den Kriterien beurteilt, mit denen man ein Kunstwerk oder eine wissenschaftliche Theorie beurteilt, das heißt gemäß jenem Allgemeinheitsniveau, zu dem sowohl die Wissenschaft als auch die Kunst bei der Beschäftigung mit verschiedenen universellen Werten gelangt sind.

Wir sind es gewohnt, eine mathematische Beweisführung oder eine wissenschaftliche Theorie als äußerst elegant zu beschreiben, wenn sie mit einem Minimum an Postulaten ein Maximum an Implikationen umfasst. Das Entsprechende davon ist im künstlerischen Bereich jenes Kunstwerk, das auf

einfachste, ausführlichste und klarste Weise das Maximum
an Erfahrungsreichtum und Erfahrungstiefe mitteilt. Ich
denke, dass ein mehr oder weniger ähnlicher Begriff zu dem
der Eleganz notwendig ist, wenn wir in signifikanter Weise
über Gesundheit, genau über psychologische Vitalität als
Eigenschaft eines Menschen sprechen wollen. Man kann
sagen, dass eine Person äußerst elegant, folglich äußerst
gesund und vital ist, wenn ihr Selbstbewusstsein jeden Aspekt
der Erfahrung sowie das tiefste Verständnis von Vielfalt
umfasst, sie dabei jedoch in ihren Gefühlen, Gedanken und
Handlungen einfach und direkt bleibt.

Genau in diesem Zusammenhang greift die Intelligenz
als Form ein, die die triumphierendste der belebten Welt ist.
Die aktive Intelligenz von Schwarz ist Quelle vitaler Energie.
Arturo Schwarz – der Mythos der menschlichen Erfahrung
– ist nicht vom Instikt beherrscht, und seiner Intelligenz
ist es immer gelungen, die Impulse durch die Erschaffung
eines klaren, weil durch das zwischenmenschliche Umfeld
differenzierten Selbstbildes zu kontrollieren, wodurch er
eine unbestrittene und tiefe Kohärenz in den vielfältigen und
unterschiedlichen Umständen seines stürmischen Lebens
gelebt hat.

Das Selbstbild ist ein komplexes Modell, eine
künstlerische Anstrengung, mit der man vollkommen
beschäftigt ist. Die Eleganz der Vitalität ist schöpferische
Synthese, wenn unsere Handlungen für uns und andere
Sinn ergeben. Dies ist die psychologische Vitalität, die ich
aus der Philosophie von Schwarz zu erschließen versucht
habe, aus seiner Art, sich auszudrücken und zu verhalten,
aus der Bedeutung einer unermesslichen Arbeit und der
komplexen Überdeterminierung der Handlungen und
Gefühle, die in sich ausdrucksvoll einfach sind. Arturo
Schwarz hat diese Einfachheit in der Komplexität aufgrund

zweier seiner wesentlichen Vorzüge erreicht: der erste ist das Gefühl, frei zu sein und das Leben und seine Ergebnisse in den eigenen Händen zu haben, der zweite ist die Art, das Vergehen der Zeit mit einem tiefen Sinn von Beteiligung zu erfahren. Alles das, was Schwarz erfahren hat, ist in dem Moment des Sichereignens dauerhaft geworden, und so hört das Leben auf, eine Wegstrecke zu sein, um sich in eine vollauf in der Veränderung verwirklichte Erfahrung zu verwandeln, bei der jeder 'Zustand' so gültig und notwendig wie jeder andere ist.

Wir leben eine Gegenwart, die sofort Vergangenheit wird und unverzüglich auch Zukunft ist: eine permanente Gegenwart, die Schwarz in ihrer Gesamtheit teilt und die wesentlicher Bestandteil seines Seins ist. Dies ist die Bedeutung, die er auf meine Frage gegeben hat, was er über den Tod denkt: *„Der Tod macht mir keine Angst, er ist die natürlichste und allgemeinste Sache. Für mich ist er der Augenblick der großen Erholung. Abgesehen davon bin ich ihm mehrmals begegnet, auch als ich im Begriff gewesen bin, aufgehängt und dann im letzten Moment gerettet zu werden. Du fragst mich, ob ich ein Freund des Todes geworden bin, wie du behauptest, dass ich es sei – ich bin es nicht. Ich will leben, solange ich gut leben kann, bei guter Gesundheit bin, dann werde ich unbeschwert dahinscheiden, weil es nach dem Tod nichts gibt, überhaupt nichts. Der Mensch ist ein Lebewesen, ein Organismus, und hat wie jeder andere Organismus einen Anfang und ein Ende. Schluss, aus. Ich betone, es gibt nach dem Tod nichts anderes. Alles andere ist Aberglaube, nur die Selbsttäuschung, ein völlig natürliches Ereignis überleben zu können. Alle jene Milliarden von Menschen, die vor uns gelebt haben, welches Ende haben sie genommen? Jeder Organismus hat seinen Zyklus von Geburt, Reife und Tod. Wir sind Teil der Natur, der erhabenste Teil, aber wir sind kein einmaliger oder besonderer Fall. Man darf nicht vergessen, liebe Lucrezia, – und ich weiß, dass du mit mir darin* *übereinstimmst, was mich sehr erfreut –, dass alles mit dem Urknall begonnen hat. Dann brauchte es Millionen von Jahren Evolution, um mit unzähligen falschen Starts und Ankünften beim* Homo sapiens sapiens *anzukommen. Wieviele Spezies sind mit unserer verwandt? Keine ist wie unsere. Ich denke an die Menschenaffen, an den Orang-Utan, der dem Menschen sehr ähnlich ist, dem es jedoch an jenem Teil der Evolution mangelt, der uns in einem bestimmten Moment vom Stammbaum des Menschen übertragen worden ist. Es gab zwei auseinandergehende Zweige, von denen sich nur einer über den Orang-Utan fortentwickelt hat und daraus ist der Mensch entstanden. Selbstverständlich hat der Mensch Grenzen biologischer Art, und auch das Denken ist begrenzt. Es würde genügen, über den Cro-Magnon-Menschen, den Urmenschen und dann über alle Zwischenstufen nachzudenken, die sich entwickelt haben … jeder hatte Grenzen, auch in Bezug auf Schädelform und Gehirnvolumen. Ich glaube, dass wir heute an dem höchsten Punkt der Evolution angekommen sind, und es ist kein Zufall, dass unsere aktuelle Spezies nicht* Homo sapiens, *sondern* Homo sapiens sapiens *genannt wird, weil der Zivilisierungsgrad, den wir erreicht haben, äußerst hoch ist, genau so hoch wie der Kenntnisstand über die Ethik. Wir halten heutzutage das für barbarisch, was dagegen im Mittelalter korrekt war. Also, um auf deine Frage zurückzukommen, für mich 'ist das Ende das Ende'. Punkt."*

Diese klare Antwort hat mich dazu gebracht, über einige Problematiken nachzudenken, die heutzutage vielfältige und unterschiedliche Aspekte des Menschen betreffen. Wenn man versucht, das ideale menschliche Verhalten zu bestimmen, stößt man beinahe sofort auf Probleme moralischer Beurteilung. In unserem Fall und was mich betrifft, ist der Kern der psychologischen Forschung von Arturo Schwarz für mich die harmonische Interpretation und die Einheit zwischen den Systemen des physiologischen, intellektuellen und sozialen Verhaltens gewesen, die in ein reifes, qualitatives, originelles, freies, gesundes, glückliches und gesellschaftlich produktives Leben münden. Es besteht stets eine wesentliche Übereinstimmung bezüglich der Eigenschaften, die eine schöpferisch reife Person in ihrem ganzen Leben zu besitzen bewiesen hat und sie umfassen: Selbstachtung und Achtung der anderen, gesunder Menschenverstand, persönlicher Mut, eine gewisse Unschuld der Vision und Spontaneität der Handlungen, Aufrichtigkeit im Denken und Handeln, soziale Verantwortung und eine demokratische Haltung in den zwischenmenschlichen Beziehungen. Mit seinem 'Tun' hat Arturo Schwarz, zufrieden mit seiner eigenen Vergangenheit und ohne Furcht vor der Zukunft, immer jede Verantwortung übernommen. Schließlich ist er so, wie er im Leben dazu fähig war, immer noch fähig, der Welt unermessliche Liebe und Hingabe zu schenken, weil er an den Menschen glaubt, nur an den Menschen. Im Hinblick auf dieses Qualitätskompendium hätte ein griechischer Philosoph nicht gezögert, ihn als '*Uomo di Virtù* [dt. *Tugendmensch*]' zu bezeichnen.

Ich denke, dass man auch gerade genug Unordnung und Uneinigkeit innerhalb des Wahrnehmungssystems ermöglichen muss, damit sich eine komplexere Synthese verwirklicht, und in diesem Sinne ist Freud nur zuzustimmen. Üblicherweise wird durch die neuen Erfahrungen, die wir alle machen, ein gewisse 'Uneinigkeit' hervorgerufen. Es kann auch passieren, dass zu einem gewissen Zeitpunkt in unserem Leben aus verschiedenen Gründen das auftaucht, was Glaubenskrise genannt wird, woraufhin es notwendig wird, die Grundlagen der eigenen philosophischen und religiösen Überzeugungen zu überprüfen. Zweit weitere, fast allgemeine Krisenfaktoren greifen in unseren existentiellen Weg ein: die Wahl der Arbeit und des Lebensgefährten. Diese beiden Entscheidungen sind für ein psychologisches Gleichgewicht wesentlich. Und Arturo Schwarz hat es verstanden, seinem

Leben einen harmonischen Sinn zu verleihen, indem er die Frau als Rettungs- und Initiationsbedeutung gesetzt und ihre Arbeit als Ergebnis weisen Wissens betrachtet hat: ein Leben, das ihn zu einem Mythos gemacht hat.

Bei unserem Gespräch in seinem Haus in Santa Margherita Ligure haben wir, außer über seine absolute Überzeugung, dass *„es nach dem Tod nichts gibt“*, über andere interessante Themen wie den Zufall und die Logik gesprochen. Für Schwarz gibt es keine Logik des Zufalls, da er behauptet, dass *„der Zufall eine eigene Logik besitzt, die nicht diejenige von Aktion und Reaktion ist ... es gibt viele Logiken, nicht nur eine einzige ... “*.

Zu grundlegenden Themen unserer Zeit, wie die digitale Revolution und die Globalisierung, hat Arturo Schwarz eine eigene Auffassung: Die Informatik ist eine Etappe in der Entwicklung der Technologie, aber sie hat nichts mit dem Denken des Menschen zu tun; es wird kein bedeutender Philosoph geboren, weil es die Informatik gibt. Die Informatik ist ein technischer und auch kultureller Fortschritt, weil er Wissen verbreitet. Sicherlich ist sie eine wirkliche Revolution, so wie es der Druck mit beweglichen Lettern von Gutenberg gewesen ist. Meine Meinung bezüglich der Informatik ist, dass der Mensch in symbiotischer Beziehung mit der Technologie steht und dass jede Erfindung einen absoluten Wert bildet. In der Antike ist die Ursache der nicht erfolgten Entwicklung einer mechanisierten Zivilisation wahrscheinlich in der Sozialstruktur der griechisch-lateinischen Welt zu suchen, die kein Bedürfnis verspürte, neue Maschinen zu erfinden, da sie bereits eine natürliche Maschine zur Verfügung hatte: den Sklaven. Mit dem Sichweiterentwickeln der Zivilisation hat der Mensch dem Denken Raum gegeben, das ihn zum technologischen Fortschritt geführt hat.

Hinsichtlich der Globalisierung ist in ihren Wirkungen auf die Welt und die Kunst das, was für Schwarz vorherrscht, die

Ökonomie des Profits, die häufig der Grund für viele soziale Ungerechtigkeiten ist.

Da ich mich genau in den Tagen des Konflikts zwischen Palästina und Israel in Santa Margherita aufhielt, war es logisch, ihn danach zu fragen, was seine Position wäre und welche Lösung er für die Zukunft sowohl in Bezug auf den über 40 Jahre andauernden Krieg zwischen diesen beiden Ländern als auch für die internationale politische Lage vermutete. Ohne zu zögern gab Schwarz folgende Antwort: *„Die einzige Lösung zwischen Israel und Palästina ist das friedliche Zusammenleben, aber um dies zu erreichen, ist es notwendig, die Denkweise beider Völker zu ändern. Leider besteht die Konfrontation zwischen zwei extremen Nationalismen. Zum Glück gibt es unter den Juden und Arabern – viel mehr unter den Juden, muss ich gestehen – Personen, die seit sechzig, siebzig Jahren für das friedliche Zusammenleben kämpfen. Aber der Begriff 'Zusammenleben' spiegelt in sich ein Laster wieder: Es handelt sich nicht nur um Zusammenleben, sondern um 'menschliche Brüderlichkeit', das ist der richtige Begriff. Wir sind Menschen und müssen miteinander solidarisch sein, um der Natur entgegenzukommen und ihr zu helfen. Leider sind wir unter den Lebewesen auf der Welt eine Minderheit, wir sind eine verschwindend geringe Minderheit, trotzdem teilen wir uns auf, spalten wir uns in Ethnien und Patriotismen, und all dies ist die Negierung des Begriffs* Homo sapiens sapiens. *Etwas, was man niemals vergessen darf, ist das Ideal der Französischen Revolution: Freiheit, Gleichheit, Brüderlichkeit. Leider sind diese Ideale noch nicht verwirklicht worden, und wenn sie es sein werden, wird für die Menschheit das Goldene Zeitalter anbrechen. Aber wie kann man* sapiens sapiens *sein und dann den anderen nicht als Bruder anerkennen?"*.

„Lieber Arturo, wenn ich richtig verstanden haben, ist für das, was Palästina und Israel betrifft, die einzige Lösung die Schaffung zweier unabhängiger Staaten, welche zivile Verhältnisse und Austausche, Wertschätzung und wechselseitige freie Zusammenarbeit

haben können – was zwischen den europäischen Staaten besteht –,
das Problem ist, wie man dies erreichen kann!".

„*Liebe Lucrezia, es ist ein langer Prozess, aber schau dir die*
Geschichte an … sie ist eine Schnecke … ein Schneckchen. Leider
muss man mit der Geschichte viel Geduld haben. Seit jeher gibt es
auf der Welt Bewegungen für den Frieden, für Zusammenarbeit, so
wie es schon immer chauvinistische und böse Bewegungen gegeben
hat … man muss auf die neue Generation hoffen … ich denke, dass
der Mensch aufgrund seiner natürlichen Neigung gut ist, während
es einer Anstregnung bedarf, böse zu sein. Das liegt daran, dass
der menschliche Körper eine perfekte Maschine ist, eine maximal
funktionstüchtige, denkende Maschine. Wenn eine Maschine
irgendein Getriebe hat, das nicht funktioniert, ist sie nicht perfekt,
und das ist beim menschlichen Körper nicht der Fall, weil wir uns
selbst bewusst sind, uns bewusst sind, den großen Evolutionssprung
des Selbstbewusstseins gemacht zu haben. Keine technologische
Maschine, so perfekt sie auch sein mag, hat jemals die Komplexität
des menschlichen Gehirns erreicht. Keine. Vielleicht wird es eines
Tages dazu kommen, aber man kann die Zukunft nicht mit einer
Hypothek belasten, und in der Gegenwart kann sich keine Maschine
mit der Komplexität des Menschen messen."

Schwarz hat mit der gleichen Deutlichkeit auch auf meine
Fragen zur europäischen Wirtschaftskrise, insbesondere zu
der in Italien, zur Jugendarbeitslosigkeit, zur Zunahme der
so genannten neuen Armen, schließlich zur wirtschaftlichen
Ungleichheit zwischen armen und reichen Ländern geantwortet.

„*Ich denke, dass die einzige wirkliche Lösung diejenige eines*
demokratischen Sozialismus ist und hoffe, dass sich die Entwicklung
der menschlichen Gesellschaften zum Guten wendet. Ich bin mir
bewusst, dass die Ereignisse, denen wir beiwohnen, zum Pessimismus
führen, aber ich habe Vertrauen in den Menschen und glaube, dass
man es schaffen wird, eine Gesellschaft ohne Unterdrückte und
Unterdrücker aufzubauen. Ich glaube fest an den Menschen. Wird

sind vom Homo sapiens *ausgegangen und der Mensch heute ist ein* Homo sapiens sapiens. *Es hat immer einen Fortschritt gegeben, so wie es immer Zeiten der rückschrittlichen Entwicklung gegeben hat, weil sich der Fortschritt nicht automatisch vollzieht. Man darf nicht vergessen, dass wir mit der Entstehung des Faschismus und Nazismus – glücklicherweise nicht weltweit, sondern nur in einigen Ländern wie Italien, Deutschland, Spanien und Portugal – eine fürchterliche Zeit der Katastrophe erlebt haben ... im Übrigen glaube ich nicht, dass die menschliche Evolution durch einen Finalismus determiniert ist. Wir können uns auch zurückentwickeln, und mit den faschistischen und nazistischen Systemen standen wir kurz vor dem Rückschritt. Es hängt immer vom Menschen ab, davon, inwieweit er die humanistische Ethik durchsetzen kann. Ich hoffe, dass es eines Tages geschieht, denn der Mensch ist zum Guten vorbestimmt. Man muss einräumen, dass die derzeitige Situation nicht katastrophal ist. Auf der Welt setzt sich die Idee des Humanismus immer mehr durch, wir steuern nicht auf das Schlimmste zu. Die Entwicklung scheint mir im Moment positiv, auch wenn immer das Risiko eines Rückschritts besteht, wie der, den es im 20. Jahrhundert gegeben hat. Natürlich gibt es heute eine riesige Finanzspekulation, aber der Kapitalismus muss notwendigerweise eine höhere Gesellschaftsstufe erreichen, er muss die wesentliche Kluft zwischen armen und reichen Ländern beseitigen oder zumindest verringern. Die Lage ist ernst, und es wird noch viel Zeit brauchen, damit ein Teil der Welt den anderen Teil nicht ausbeutet. Darüber gibt es keine Zweifel, und es gibt kein 'höheres Wesen', das uns den Weg zeigen kann, wir sind es, die unsere Zukunft schmieden, und wir müssen verstehen, dass zusammenzuarbeiten viel besser ist als sich zu bekämpfen. Dies ist ein langer, aber kein unabwendbarer Prozess ... das Glück kann genau wie die Gleichheit erreicht werden. Das Leben ist eine ständige Eroberung. Früher gab es in einer zivilisierten Nation riesige Unterschiede zwischen den Menschen, man braucht nur an die entsetzliche Lage im viktorianischen England oder während des Feudalismus in Italien zu denken. Du sagst mir, dass es heutzutage eine maßlose Geschäftigkeit gibt, aber ich weiß nicht, ob diese jene von einst übertrifft. Geldgier hat es immer gegeben, reicher sein zu wollen als ein anderer liegt in der menschlichen Natur, aber ich bin Optimist und ich glaube, dass sich der Mensch im Laufe der Zeit immer mehr in einer humanistischen Ethik verbessern wird. Du hast auch nach meiner Meinung zum Kunstbetrieb gefragt. Nun, in diesem ganzen Entwicklungsprozess wird Kunst immer das Ergebnis individueller Initiativen sein, nie das eines Systems. Es wird immer Dichter und Künstler geben … kreativ zu sein, liegt in der menschlichen Natur, aber wir müssen immer im Gedächtnis behalten, dass wir nicht alle gleich sind, es gibt den poesielosen Menschen und den Dichter. Du, Lucrezia, behauptest, dass man als Künstler geboren wird wie man mit einer Stimme ausgestattet geboren wird, die es einem erlaubt, Sänger zu werden … vielleicht kann eine falsch singende Person zu einer Sängerin erzogen werden. Ich glaube, dass die Menschen fähig sind, alles zu tun … der Mensch hat viele Möglichkeiten, es ist eine Frage der Erziehung, des Studiums, der Lektüren, der Umwelt. Ich lege großen Wert auf die Fähigkeiten des Menschen, denn gerade der Mensch hat uns zu dem Fortschritt gebracht hat, in dem wir heutzutage leben, eine viel fortschrittlichere Gesellschaft als die des Mittelalters, des 19. Jahrhunderts und des 20. Jahrhunderts. Wir leben heute in einer sehr viel ausgeglicheneren Gesellschaft, und ich erhoffe mir, dass diese humanstische Entwicklung weitergeht. Auch die derzeitige Auswanderung der afrikanischen Bevölkerungen ist ein Glück, weil der Reichtum in jenen Ländern in der Hand von Wenigen liegt, und dies erzeugt ein enormes sozio-ökonomisches Gefälle. Die Emigration, die Vermischung von Ethnien ist eine Bereicherung, da sie neue Energien in einen alten Kontinent bringt. Auch die Europäische Union ist ein großer Fortschritt. Wenn wir an den alten Patriotismus zurückdenken, der zu Kriegen zwischen Nationen führt, ist das heute unvorstellbar. Beispielsweise hat es über Jahrhunderte hinweg den Konflikt zwischen Frankreich und England gegeben … und vor dem europäischen Hintergrund sehe ich heute Italien als ein sehr zivertes, sehr fortgeschrittenes Land, vielleicht mehr als Frankreich, das in einer chauvinistisch-napoleonischen Position verblieben ist. Liebe Lucrezia, ich weiß genau, dass du nicht einverstanden bist, aber ich liebe Italien sehr. Ich bin froh, Italiener zu sein, auch wenn Italien in letzter Zeit einen gewissen Klassenstandpunkt gezeigt hat.“*

Auch eine große Unzivilisiertheit, habe ich hinzugefügt, weil Berlusconi mit seinem Fernsehen die Italiener 20 Jahre lang zu einer sowohl kulturellen als auch ethisch-humanistischen Nivellierung nach unten geführt hat. In diesem historischen Augenblick durchlebt Italien eine tiefe politische Krise, und da jede Phase von den vorhergehenden abhängt, ist die aktuelle das Ergebnis von Wechselwirkungen zwischen denen, die regiert haben und denen, die regieren. Nach dem Faschismus hatte Italien einen großen Politiker gehabt, Alcide De Gasperi, der, aus der *Azione cattolica* [dt. *Katholische Aktion*; Verband katholischer Laien] kommend, in unserem Land die *Democrazia Cristiana* [dt. *Christlich-Demokratische Partei*] gegründet hat, die den *Scudo crociato* [dt. *Schild mit Kreuz*] als Logo hatte. In jenem historischen Augenblick hat sich der politische Krebs gebildet, der dann im Laufe der Jahre Metastasen entwickelt hat, die jeden Aspekt des gesellschaftlichen Lebens in Italien durchdrungen haben. Es gibt keine jüdische, islamische oder buddhistische Demokratie ... die Demokratie ist eine laizistische Struktur. De Gasperi hatte nicht den Mut gehabt, ein vom Katholizismus freies 'Projekt' zu gestalten. Die Aufgabe eines Politikers ist es, Mut zu haben, leider sind die wahren Leader selten, die die Geschichte eines Volkes schreiben.

„Lucrezia, in Bezug auf bestimmte Sachverhalte gebe ich dir Recht. Italien ist ein katholisches Land, in dem die kirchliche Hierarchie immer noch eine sehr große Macht hat ... wie auch immer, ich wiederhole es, ich glaube fest an den Menschen und hoffe immer auf eine bessere Welt ...“.

Beurteilung von Evolution und Involution

Ich teile die Philosophie von Schwarz voll und ganz, wenn sie behauptet, dass es keinen kosmischen Plan gibt und sie auch keine höheren Welten anerkennt – die Realität ist der Mensch 'sapiens sapiens', eine der höchstentwickelten organischen Formen, ein intelligentes, potenziell kreatives Wesen.

Der Tag, an dem sich in Hiroshima jener schreckliche Wolkenpilz in das Azurblau des Himmels erhob und damit ein noch nie dagewesenes Zeitalter menschlicher Destruktivität markierte, war der Anfang einer neuen Epoche, in der die Köpfe der Menschen in den fortschrittlichsten Kreisen der Weltkultur damit begonnen haben, über das menschliche kreative Potenzial nachzudenken. Den Regierungen hat sich schlagartig die reine physikalische Kraft offenbart, dem Handel der Zuwachs an Gütern und Dienstleistungen, also an Gewinnen, für die Religion ist es notwendig geworden, anstelle der alten Bedeutungen unrichtigerweise neue zu schaffen. Das Individuum ist sich bewusst geworden, dass 'creare [dt. erfinden; erschaffen]' man selbst zu sein im weitesten und freiesten Sinne bedeutet. Bei der eigenen täglichen Arbeit kreativ zu sein, stellt ein positives Gut dar. Joseph Beuys, der deutsche Maestro, wiederholte oft: „Die erste große Wirtschaft entsteht aus der kreativen Fähigkeit des Menschen."

Für die Wissenschaft ist eine Theorie eine Erfindungsgabe hinsichtlich der Art und Weise, wie 'Dinge' jenseits des Scheins wirklich sein könnten, formell begleitet durch eine Reihe von Regeln, mittels derer ihre Wirksamkeit gewürdigt werden kann. Ein Kunstwerk ist hingegen die individuelle Vision, ausgedrückt in einer Form, die eine Zuhörerschaft anstrebt, aber nur wenige Menschen werden sie verstehen und in dem Künstler die Fähigkeit erkennen, zu symbolisieren, ein tiefgründiges, in der Realität wirksames Bild zu erschaffen, eine innovative Botschaft in die Gesellschaft zu bringen. Es stimmt zwar, dass in der gegenwärtigen Gesellschaft die kreative Einbildungskraft durch die unzähligen Bilder der Medien in eine Krise gestürzt ist, doch die Kreativität ist transzendental und kennzeichnet sich durch ihre Fähigkeit und Persönlichkeit, ausgedrückt im darstellenden archetypischen Werk, in den neuen Sprachen und in der literarischen oder dichterischen Schrift, auf jeden Fall ist es immer ein Wohl für die Menschheit.

Abgesehen von den eingegrenzten Interessen besteht eine allgemeine wachsende Anerkennung der Tatsache, dass die tatsächliche Gesamtalternative zur gegenwärtigen Welt in unserer kreativen Denk- und Handlungsfähigkeit liegt. Die wissenschaftlichen Entdeckungen haben einerseits die Verbreitung unserer Lebens- und Intelligenzform im ganzen Universum erhöht, andererseits haben sie den Ansturm auf die Macht und das *Business* [dt. *Geschäftsstreben*] ermöglicht. Die menschliche Kreativität kann bei dem Streben nach Wissen, bei der Erforschung des Unbekannten der Schlüssel sowohl zum Erfolg als auch zum Scheitern sein. Auch Arturo Schwarz behauptet kurz zusammengefasst, dass Kreativität geistige Gesundheit, Zivilisationsprozess, kultureller Eros ist. Die psychologische Vitalität der menschlichen Eigenschaft konzentriert sich im Sinne von Integrität, Stabilität und

Kohärenz der individuellen Person, Qualitäten, die sozial in Erscheinung treten. Der Umgang mit Persönlichkeiten der Kultur und die Erfahrung in der Kunst haben mir auf klare Weise zu verstehen gegeben, dass nur mit kreativer Intelligenz ausgestattete Personen fähig sind, angefangen von den vom evolutiven Standpunkt aus urtümlichsten Aspekten, über Studien, Lektüren und besondere historische oder wissenschaftliche Forschungen immer neue Wege ausfindig zu machen. Diese seltenen Menschen sind geistig für eine erweiterte Sicht der Welt strukturiert, auch wenn ihnen dies derzeit von der Außenwelt nicht anerkannt wird, aber es ist auch sicher, dass ihr 'Wissen' nicht verloren geht, wenn es auf fruchtbaren Boden fällt und sorgfältige Gärtner trifft.

„Es wird immer Menschen geben, die in der optischen Wahrnehmung, welche ihnen die sichtbare Welt mit einem Schlag zu offenbaren scheint, einen Gang ausmachen, um in jenes Reich der Sichtbarkeit vorzudringen, das nicht mehr dem Sichtbaren, sondern der Sichtbares gestaltenden Tätigkeit zugänglich ist." (K. Fiedeler).

'*Valutazione* [dt. *Beurteilung*]' ist ein äußerst eigentümliches Wort, wenn man es beim Studium der menschlichen Persönlichkeit verwendet, und es ist noch viel eigentümlicher, wenn es für die '*ricerca* [dt. *Forschung*]' benutzt wird. Beispielsweise bedeutet '*valutare* [dt. *beurteilen*]' in der wissenschaftlichen Forschung – als Nachforschung, die Lage der Dinge zu erkennen – '*apprezzare*' [dt. *würdigen, schätzen*], einen '*valore* [dt. *Wert*]' annehmen, verstanden als moralische und ethische Beurteilung der Dinge. In der Bibel wird der Sündenfall des Menschen einer regelwidrigen Handlung zugeschrieben: die Frucht vom Baum der Erkenntnis gegessen zu haben. Die menschliche Tat wird also danach bewertet, wie der Mensch ethisch Dinge und Gesetze beurteilt, die das Funktionieren der nichtmenschlichen Welt beschreiben und nichts Ethisches in sich haben, da die

Ereignisse, auf die sie sich beziehen, 'ethisch' neutral sind.
Die Beurteilung der menschlichen Persönlichkeit ist dagegen
vom ethischen Charakter der Phänomene abhängig, die der
Mensch als eigenes Untersuchungsfeld übernimmt. Wenn
man von 'menschlichem Idealverhalten' spricht, stößt man
unverzüglich auf Probleme moralischer Beurteilung. Es
handelt sich um ein heikles Thema, weshalb man bei der
Beurteilung anderer den Kontakt mit dem menschlichen
Gefühl verlieren könnte, da es wesentlicher Teil des
Alltagslebens ist. Wenn zwei Anzüge, einer von der Stange
und ein zweiter von einer bekannten Schneiderei, denselben
praktischen Wert haben, wird die Berurteilung der anderen
und auch unsere eine 'Praxis' sein, welche nie verschwinden
kann, wer auch immer der getragene Anzug ist.

Das Abweichen des menschlichen Denkens

Ich bin mit Arturo Schwarz voll und ganz einverstanden, wir sind ein lebender Organismus, der sich im Laufe der Zeit mehr als jeder andere entwickelt hat. Allgemein anerkannten anthropologischen Erkenntnissen zufolge war die anatomische Entwicklung des menschlichen Organismus bereits vor ungefähr 50 Tausend Jahren abgeschlossen, lange bevor Charles Darwin die Ergebnisse seiner Forschungen bekannt machte. Ein Jahrhundert später ist klar geworden, dass ein Organismus im Verhältnis zu seiner eigenen natürlichen Umwelt sich entwickelt und überlebt. Aber der Organismus, der nur an sein eigenes Überleben denkt, wird unvermeidlicherweise seine Umwelt zerstören, und genau das stellen wir beim Erleben der derzeitigen bitteren Erfahrungen fest, bei denen der Mensch dabei ist, sich selbst zu zerstören, indem er die Umwelt zerstört.

Um die menschliche Natur neben den physischen und psychologischen Merkmalen zu verstehen, werden auch ihre sozialen und kulturellen Erscheinungsformen untersucht. Der Mensch hat sich körperlich und geistig als soziales Tier gerade in Beziehung zu den anderen menschlichen Wesen fortentwickelt, die mit dem Kollektivdenken, der Schaffung von Werten beschäftigt sind, welche zum wesentlichen Bestandteil der natürlichen Umwelt werden. Die biologischen

und kulturellen Merkmale der menschlichen Natur können nicht getrennt werden, da sie sich gerade über eine Wechselwirkung zwischen Außen- und Innenwelt, Individuen und Gesellschaft, Natur und Kultur weiterentwickeln. Im Laufe der Zeit haben sich die Lebensbedingungen tiefgreifend gewandelt, und sie verändern sich in schnellem Tempo weiter, indem sie von der allgemeinen Evolution zur sozialen Evolution übergehen. Wie Pflanzen und Tiere haben auch menschliche Organismen ihre Rhythmen, unterliegen Zyklen der Aktivität und der Ruhe. Die rhythmischen Modelle sind ein universelles Phänomen und erlauben den Individuen, eine wissenschaftliche Vorstellung von der Realität zu haben, die gleichzeitig den wissenschaftlichen Rahmen übersteigt, da sie schöpft aus dem intuitiven Bewusstsein der Einheit jeder Form des Lebens, der gegenseitigen Abhängigkeit seiner mannigfaltigen Erscheinungsformen und seinen Veränderungs- und Transformationszyklen. Wenn der Begriff menschlicher Geist verstanden wird als Bewusstseinszustand, wodurch sich das Individuum mit dem Universum als Ganzes verbunden fühlt, wird klar, dass seines ein spirituelles Bewusstsein im laizistischen Sinne ist, einer Verbindung mit dem Universum wie diejenige, die nicht nur der lateinische Ursprung des Wortes Religion, '*religare*' gleich an-/zurückbinden, festmachen, heraufbeschwört, sondern auch das Sanskrit '*yoga*', das Bund bedeutet.

Das wahre Problem der Zivilisation ist es, die im Wort Religion enthaltene Philosophie in Autorität, die Institution in Machtmissbrauch, die Religionen/Kirchen in Zufluchtsstätten menschlicher Unzivilisiertheit transformiert zu haben. In diesem Sinne hat Religion unter den Völkern Gestalt angenommen, sich in verschiedenen Formen auf dem gesamten Planeten ausgebreitet und die gigantischste Utopie, die oberflächlichste Metaphysik der Menschheitsgeschichte gebildet. Ein System von Ideen und Regeln zur Natur jener Kräfte, die letztendlich für das Schicksal von schwachen, durch überholte Praktiken gefügig gemachte Menschen verantwortlich sind. Genau diese falschen und heuchlerischen Institutionen sind die Ursache von Konflikten zwischen Völkern und Nationen, zwischen Ideologien und Mächten und schließlich zwischen Menschen.

Bei der letzten Diskussion mit Arturo Schwarz habe ich gefragt, was seiner Auffassung nach religiös sein, jüdisch sein bedeutet. Diese ist seine Antwort: *„Man muss nur an den Menschen glauben, jeden Aberglauben aufgeben, nicht an ein 'höheres Wesen' glauben. Liebe Lucrezia, wer ist dieses höhere Wesen und wer hat es erschaffen? Warum auf unsere Freiheit, auf unsere Intelligenz verzichten, aus uns selbst niedere Wesen machen?"*

„Ich stimme dir zu … aber die Juden warten immer noch auf ihren Messias, und du bist Jude."

„Alle Religionen sind Überbleibsel alten Aberglaubens. Diejenigen, die es nicht sind, zum Beispiel der Buddhismus, sind Philosophien, die die Anwesenheit des Übernatürlichen ausschließen, keinen Papst haben wie im Christentum, das die autoritärste der Religionen ist, Kriege, Verbrechen, Bruderkämpfe erzeugt hat und auch am meisten von Aberglauben durchdrungen ist. Das Judentum hat keinen Hegemonialwillen, im Gegenteil, es lehnt ihn ab. Die Juden nehmen von vornherein die Notwendigkeit wahr, nachzudenken, zu verstehen. Wenn du, Lucrezia, dich zum Judentum konvertieren wolltest, müsstest du zwei bis drei Jahre studieren … wie dem auch sei, es ist dennoch eine Religion wie alle anderen, mit einem System des Aberglaubens – ein liberaleres, aber es ist dennoch immer Aberglaube. Der Mensch ist in seinem Sein kein Träger falscher Werte, aber es hat in allen Bereichen Fälscher gegeben und es wird sie immer geben. Zum Beispiel ist der Marxismus so, wie er von den so genannten sozialistischen Ländern angewandt worden ist, vollkommen verfälscht worden. Auch dort, wo man Unabhängigkeit und Freiheit lehrte,

wurde in Wirklichkeit eine autoritäre Gesellschaft geschaffen, die schlimmer als die anderen war ... und man darf nicht vergessen, dass die Persönlichkeit jedes Menschen das Ergebnis einer, wie du sagst, inneren Arbeit ist, und je mehr man ausprobiert, je mehr man durch Studieren und Lesen an sich selbst arbeitet, desto mehr werden die Unterschiede deutlich. Die Lektüren sind so wichtig wie es die Familie, in der man aufwächst, und die kulturellen Entscheidungen sind ... es gibt viele unterschiedliche Faktoren, die auf die Entwicklung des Menschen einwirken, aber zum Glück sind wir nicht alle gleich. Zum großen Teil beeinflusst die Umwelt, aber sie ist nicht immer ausschlaggebend, wichtig ist vor allem die Neigung zu bestimmten Dingen. Der Mensch kann auf seine eigene Umwelt auch negativ reagieren, kann mit ernsthaften Problematiken geboren werden ... der menschliche Verstand ist äußerst komplex ... ich überlasse diese Analyse den Wissenschaftlern der Zukunft, da heutzutage weder die Psychoanalyse, geschweige denn die analytische Psychologie sichere Antworten geben können.“

Versuch zu mehr Wissen

Schon als Kind habe ich immer versucht, zu verstehen, als Erwachsene habe ich immer mehr verstehen wollen und meine Entscheidungen immer frei und unabhängig getroffen. Trotz der Tragödien meines Lebens habe ich nie eine Psychoanalyse gemacht, weil ich mich als eine '*psicanalista-autodidatta* [dt. *psychoanalytische Autodidaktin*]' betrachte. Es mag seltsam sein, aber bei meiner Arbeit als Kulturschaffende verhalte ich mich wie eine Psychoanalytikerin und versuche zunächst einmal zu verstehen, wen ich vor mir habe, seine Herkunft, seine Erfahrungen, seine Studien, seine Familie, seine Freunde, seine Lektüren, seine Reisen und seine Interessen … wie er das Leben und seine Forschung in der Kunst sieht, und dann das Werk. Aber das wirkliche Kennenlernen erfolgt über die menschliche Beziehung. Es gibt Begegnungen, aus denen durch Wahlverwandtschaften Gefühle, Emotionen und Möglichkeiten der Bereicherung von neuem Wissen geboren werden.

Freud definiert die Psychoanalyse als „*einen Beruf von laizistischen Seelenheilern, die keine Ärzte sein müssen und keine Priester sein sollten*". Diese Definition gehört in einem gewissem Sinne zu mir. Obwohl es Freud mit Absicht ablehnte, etwas mit der Philosophie zu tun zu haben, erwarb er sich über Clemens M. Brentano, dem berühmten Vertreter der deutschen Frühromantik, eine gewisse Vertrautheit mit ihr. In einem der seltenen Verweise auf die Philosophie charakterisiert Freud die Psychoanalyse – insbesondere den Begriff der unbewussten Determination – als psychologischen Gegenpart der grundlegenden Ansichten von Immanuel Kant. Daher sind seine psychologischen Implikationen nahe bei Kant, aber weit entfernt vom englischen Empirisimus. Es ist Freud gewesen, der die dynamische Auffassung der Psychologie eingeführt hat, und die Psychologen haben sie unter Annahme von nur wenigen Grundsätzen mit Zögern angewendet. Nicht alle Gelehrten stimmen den Freudschen Theorien zu, einige haben Freud als einen Pessimisten bezeichnet, ich denke, dass er ein Realist gewesen ist, vielleicht der unerbittlichste des gesamten westlichen Denkens. Der deutsche Psychoanalytiker Erich Fromm schrieb, dass *„der Bereich der menschlichen Beziehungen im Freudschen Sinne dem Markt ähnelt. Es ist ein Austausch von Befriedigungen physiologischer Bedürfnisse, bei denen das Verhältnis zum anderen Individuum immer ein Mittel zu einem Zweck, nie ein Selbstzweck ist".* Wie auch immer, die Geschichte des Psychoanalytikers Freud zu lesen erweitert die Veranschaulichung des Seins. So wie Newton den absoluten euklidischen Raum als Bezugssystem aufstellte, in dem die materiellen Objekte sich ausdehnen und befinden, so etablierte Freud den psychologischen Raum als Bezugssystem für die Strukturen des mentalen Apparates. In dieser Hinsicht fühle ich mich begrifflich dem Freudschen Denken nahe. Ich schätze auch die Theorien des Schweizer Psychoanalytikers Carl Gustav Jung sehr, seine analytische Psychologie oder Tiefenpsychologie. Seine Theorie ist sehr nahe bei Freud gewesen, aber im Jahre 1913 hat er sich davon nach einem Prozess begrifflicher Unterscheidungen entfernt, der in der Veröffentlichung 'Wandlungen und Symbole der Libido' gipfelte.

Eines der in Bezug auf die Psyche wirksamsten und einflussreichsten Bilder findet sich bereits in der Philosophie von Platon. Im *'Phaidros'* ist die Seele als ein Kutscher abgebildet, der zwei Pferde lenkt, wovon eines die körperlichen Leidenschaften darstellt und das andere die höheren Gemütsbewegungen. Diese Metapher enthält die zwei Ansätze des Bewusstseins, den biologischen und den spirituellen, der das Körper-Geist-Problem erzeugt, das von vielen psychologischen Schulen, insbesondere von Freud und Jung in Angriff genommen worden ist. Ich finde, dass in dieser dialektischen Auseinandersetzung/Gegenüberstellung auch der Franzose Lacan vor allem für die *'arte concettuale* [dt. *konzeptionelle Kunst]'* sehr wichtig gewesen ist, aber Schwarz bezeichnet ihn als einen Pseudointellektuellen.

Ich habe Schwarz gefragt, was er über die Psychoanalyse und ihre Begriffe denkt. Aus seiner Antwort habe ich zum wiederholten Male verstanden, wie unsere Denkweise und unsere Weltsicht in vielen Punkten ähnlich sind: „*Ich stimme dir völlig zu, Lucrezia, die Psychoanalyse ist ein Versuch, sich selbst besser zu verstehen, es ist eine für den Menschen sehr wichtige Materie. Sie besitzt nicht die Genauigkeit einer exakten Wissenschaft wie die Mathematik oder die Chemie, auch wenn bis zu einem gewissen Punkt nur die Mathematik die einzige reine Wissenschaft ist. Alles andere unterliegt einer ständigen Veränderung. Freud und Jung sind zwei Psychoanalytiker, die ich sehr schätze, sie ergänzen sich gegenseitig. Zur Konzeption des Unbewussten bei Freud kommt die des kollektiven Unbewussten bei Jung hinzu. Es gibt einen Satz von Newton, den ich gerne wiederholen möchte, wenn man von diesen beiden bedeutenden Persönlichkeiten spricht: 'Wir sehen weiter, weil unsere Füße auf den Schultern von Riesen stehen.' Liebe Lucrezia, wir sind die letzten Früchte des vom Menschen in mannigfaltigen Bereichen zusammengetragenen Wissens, ein Weg, der weitergehen wird. Wir sind an keinem endgültigen Punkt angekommen, und man wird nie einen Endpunkt erreichen. Es wird immer und in jedem Fall eine Vermehrung des menschlichen Wissens geben, das zum Glück grenzenlos ist. Dennoch sagen uns einige Probleme, beispielsweise das grundlegende, über das wir bereits gesprochen haben, das heißt das des Menschen* sapiens sapiens, *dass wir das Ergebnis einer Evolution sind, die vor Tausenden von Jahren begonnen hat. Es ist ein Begriff, der, ich wiederhole, vollkommen zu mir gehört, und es ist mir wichtig, dass dies ganz klar ist: Wir sind vom Urknall ausgegangen, um nach einem äußerst langen Prozess, der bei den Säugetieren beginnt, beim* Homo sapiens sapiens *anzukommen. Wir sind von einem Tag auf den anderen entstanden, wir entstammen nicht dem 'Apfel von Adam'* ... *aber Vorsicht, man sollte nicht nur über Psychoanalyse reden, sondern auch über analytische Psychologie, man muss auch über alles das nachdenken, was danach gekommen ist, sowohl die Freudschen als auch die Jungschen Begriffe vertiefen, die heute von mehreren wissenschaftlichen Disziplinen wiederaufgenommen und untersucht werden. Du hast mich auch gefragt, wieviel sich der 'Wille' auf die Führung unseres Lebens auswirkt* ... *natürlich spielt er eine riesengroße Rolle. Es ist offensichtlich, dass wir es sind, die die Entscheidungen des Lebens treffen, dann sind da selbstverständlich die Umweltbedingungen, die weitgehend die Entwicklung jedes Individuums bestimmen. Wenn ein Junge in Zentralafrika geboren ist, hat er nicht dieselben Chancen wie der in Amerika oder in Europa geborene Junge."*

„Der Mensch kann zwar tun, was er will, aber er kann nicht wollen, was er will." (Arthur Schopenhauer). Diese Behauptung des deutschen Philosophen verweist auf ein Thema, dass mir immer sehr am Herzen gelegen ist: der freie Wille. Mein Standpunkt geht von einer unwiderlegbaren Realität aus: Kein Mensch hat entschieden, geboren zu werden, wir sind aus dem Willen von jemandem oder aus Zufall geboren. Um den freien Willen zu bestimmen, gebe ich ein Beispiel: Derjenige, der ein Buch geschrieben hat, kennt selbstverständlich dessen

Anfang und Ende, wohingegen der Leser die Freiheit hat, zu entscheiden, eine Seite oder ein Kapitel zu lesen ... und dies ist 'freie Wahl', die ich freien Willen nenne.

„Liebe Lucrezia, manchmal kennt derjenige, der ein Buch schreibt, dessen Ende nicht ... aber reden wir als Erstes über das Schicksal ... Schicksal gibt es nicht. In Bezug auf den freien Willen ist auch dieser 'frei' bis zu einem gewissen Punkt ... ich sage nicht, dass es ihn nicht gibt, er ist begrenzt. Wir sind durch unsere Physiologie bestimmt. Sicher nehmen wir äußere Einflüsse auf, beispielsweise wirkt der Mond auf den Menschen in physiologischer, aber nicht in psychologischer Hinsicht ein ... alles hängt ab von unserer täglichen Lebensweise, von unserer psychologischen und soziologischen Bildung und auch von den Entscheidungen, die wir in bestimmten Momenten unseres Lebens treffen. Wir sind das Ergebnis der Kultur des Ortes, an dem wir geboren sind. Der kulturelle Humus, in den wir hineingeboren werden, ist von einer grundlegenden Bedeutung, auch wenn sich der Mensch natürlich davon lösen kann, und ein Großteil der Individuen löst sich vom angestammten Humus, um sich selbst zu bestätigen. Nichts ist 'ex novo' ... die Natur ist mit dem Menschen immer äußerst großmütig gewesen, weil sie aus ihm ein denkendes Wesen gemacht hat."

Seit jeher streiten die Philosophen über Determinismus und Indeterminismus. Das Problem des freien Willens entsteht als Negierung jeglicher kontingenter oder im Entstehen begriffener, vorbestimmter Finalität des menschlichen Schicksals. Im Laufe der Geschichte des menschlichen Denkens, vor allem in der Geschichte der Philosophie, ist sich der Mensch beim Inangriffnehmen und Lösen des moralischen Problems bewusst geworden, in der gleichgültigen Unendlichkeit des Universums allein zu sein, aus dem er durch eine langsame, fortwährende Entwicklung der Art hervorgekommen ist. Er hat keinen feststehenden Platz, und es gibt keinerlei vorherbestimmtes Schicksal. Es ist er, der entscheiden muss, wie das Getriebe der Welt in Freiheit zu bewegen und ein kreativer Prozess über die Gesetze der geistigen Regelmäßigkeit hinaus in Gang zu bringen ist. Es ist bekannt, dass die Mathematik und die Physik auf einige Regeln des Gemeinsinns verzichten können. Auch in der Kunst befolgen künstlerische Strömungen, wie zum Beispiel der Kubismus und der Surrealismus, nicht unsere Wahrnehmungsgesetzmäßigkeiten. In der literarischen Sprache sind Rimbaud und Joyce äußerst kühne Erbauer und Schöpfer gewesen. Des Weiteren hat uns in der Kunst Ernest Mach mit dem Werk '*L'ispirazione dell'ordine* [dt. *Die Inspiration der Ordnung*]' die Rechtfertigung der dadaistischen Revolution gegeben. Norman Mailer bietet uns mit der Erzählung '*Der weiße Neger*' eine theoretische Behandlung der Sprache der Depression. Henri Bergson, Philosoph und Nobelpreisträger, der durch das Überwinden von Spiritualismus und Positivismus die Psychologie, die Biologie und auch die Kunst beeinflusst hat, ist der Ansicht, dass „*das Leben ein in die Höhe, gegen die Lawine der ins Tal hinabstürzenden Materie geworfener Stein ist*". Ich erlaube mir, diese Behauptung zu umschreiben mit „*die Schöpfung ist ein gegen die ins Tal hinabstürzende Lawine der Gewohnheit geworfener Stein*". Man muss daran erinnern, dass wir ohne Gewohnheit genauso wenig leben könnten wie wir ohne Kreativität existieren würden. Gewohnheit und Kreativität, oder auch Gesetz und Freiheit, erlauben dem Menschen auf allen Gebieten zu interagieren, von der Wissenschaft zur Kunst, von der Philosophie über die Literatur bis zur Psychologie. Viele berühmte Menschen haben sich mit dem Bewusstsein, den möglichen Transzendenzen unvoreingenommen, frei und mit Originalität des Ausdrucks beschäftigt.

Gerade die Originalität ist bei Personen wie Arturo Schwarz fast üblich, sie wenden sie für die Forschung auf und geben dadurch konstruktive Antworten, die sich in Ereignissen von großer Bedeutung für die Kulturgeschichte zeigen. Es gibt viele Menschen, die nicht von einer stereotypen und konventionellen Denkweise abweichen, die leben, ohne sich jegliche philosophische Frage zu stellen, ohne sich für die Problematiken der Erkenntnis und deren Errungenschaften in allen Bereichen zu interessieren, die an nichts interessiert, aber dennoch zu respektieren sind. Ich bin mit Schwarz in Bezug auf die Anerkennung des Andersartigen einverstanden, das im eigenen Handeln von der eigenen biologischen, physiologischen und geistigen Bildung beeinflusst ist.

Gerade die Originalität ist bei Personen wie Arturo Schwarz fast üblich, sie wenden sie für die Forschung auf und geben dadurch konstruktive Antworten, die sich in Ereignissen von großer Bedeutung für die Kulturgeschichte zeigen. Es gibt viele Menschen, die nicht von einer stereotypen und konventionellen Denkweise abweichen, die leben, ohne sich jegliche philosophische Frage zu stellen, ohne sich für die Problematiken der Erkenntnis und deren Errungenschaften in allen Bereichen zu interessieren, die an nichts interessiert, aber dennoch zu respektieren sind. Ich bin mit Schwarz in Bezug auf die Anerkennung des Andersartigen einverstanden, das im eigenen Handeln von der eigenen biologischen, physiologischen und geistigen Bildung beeinflusst ist.

Das Ende eines unberechenbaren Anfangs

Arturo Schwarz ist der weise Mensch, der das 20. und 21. Jahrhundert, die industrielle, wissenschaftliche und kulturelle Entwicklung und den Involution der humanistischen Ethik intensiv erlebt hat. Persönlich zwei Jahrhunderte mitzuerleben, in denen es eine soziopolitisch-kulturelle und ideologische Transformation gegeben hat, ist nicht wie ein Buch lesen oder studieren. Der Mensch, der eine gegebene Realität erlebt hat, hat eine Subjektivität, die die Sichtweisen einer Person versetzen, zu einem tiefgehenden Nachdenken über das Sein führen, die Sicht des Lebens und der Welt ändern kann, auch wenn ein jeder frei ist, seine eigenen Vorstellungen beizubehalten. In diesem Sinne ist der freie Wille vorstellbar.

Der angeborene humanistische Sinn ist die Faszination von Arturo Schwarz. Eine Hauptfigur der universalen Kultur, mit einer menschlichen Natur, die in jedem Fall als unanfechtbare, sich ständig entwickelnde Hauptquelle auf das Gute und auf den Glauben an den Menschen gerichtet ist. Die humanistische Ethik von Arturo Schwarz ist eine, die auf dem Weg seines intensiven Lebens nicht nur seinen historischen Texten eingeflößt und in seinen Gedichten verherrlicht worden, sondern stets der harte Kern eines Menschseins gewesen ist und die er jeden Tag und in jedem Umstand seines intensiven Lebens in die Tat umgesetzt hat.

Arturo Schwarz, Mythos einer menschlichen Erfahrung.

„Das Verhalten eines gesamten Lebens ist die einzige Mitteilung von Wahrheit" (Lucrezia De Domizio Durini).

Inhalt

Finito di stampare
nel mese di gennaio 2017
presso Graphic Center Group - Torino
per conto di Alchimiarte